最短10時間で「解き方」がわかる

難関私大現代文のスゴ技

宮下善紀

はじめに

「問題。ツルオカシがある……《ピンポーン！》」「京都府。」（正解）

九〇年代に「クイズ王」として君臨していた西村顕治さん。彼は早押し問題の冒頭、**「鶴岡市がある……」**の時点でボタンを押し、**「京都府。」**と答えて見事に正解したのです。

ちなみに「鶴岡市」は、「山形県」にあります。でも「鶴岡市があるのは何県でしょう？（答え＝山形県）」なんて〝ド直球〟の問題が出るとは考えにくい。それに「なにゆえここで急に鶴岡市？」って、なんとなくモヤっとしますしね。クイズ番組では、視聴者が「なるほど～」ってスッキリする問題を提供しなければなりません。では、これがもし早押しの定番**「前振りパターン（Aは〇〇ですが、では、Bは……？）」**だとしたら、問題の続きはどうなるでしょうか。

鶴岡市があるのは**山形県**ですが、では、**亀岡市がある都道府県は、どこでしょう？**

＝**「京都府」**！（「鶴（は千年）」といえば「亀（は万年）」がセット。なお亀岡市は、京都市、宇治市に次ぐ、京都府で人口第三位の都市です）……つまり彼は、**冒頭部分（1秒弱）だけで**「これは『亀岡市』の所在地を答える問題だ」**という出題意図を見極め、ボタンを押したのです！**

まさに「神業！」なのだけれど……西村さんにしてみれば、恐らくこれが「通常運転」。**彼はいつ**

でもこの次元で頭を回しているのでしょう。「絶対に・完璧に・最速で攻略してやる!」……私は本書を通して、みなさんの心にこうした**「王者のメンタリティ」**を育みたいのです!!!!

「この問題では、何を問われていて、何を答えればいいのか?」

「この選択肢では、どの箇所が、どんな理由で×になるのか?」

「この記述は、どこまで踏み込んで書けば出題者が喜ぶのか?」

本書では、『共通テスト現代文のスゴ技』で大好評だった**「選択肢問題」**の攻略メソッドをはじめ、**「接続語問題」「空欄補充問題」「抜き出し問題」「記述問題」**など、私大特有のさまざまな設問を**「解く技術」**、さらに「線引きアイテム」「速読法」といった、評論を速く・正確に・スマートに**「読む技術」**を、楽しくわかりやすくレクチャーしていきます。

すなわち、**「こうすれば必ず解ける!」**を、**10時間でお見せする参考書**なのです。

入試現代文の**「入門書」**でありながら、ガッツリ成績を上げる**「本格派」**の参考書。Tシャツ・短パン・サンダルで気軽にブラリと参加してみたら、……10時間後に富士山の8合目までヒョイッと運ばれてしまうような、ある意味、恐ろしい参考書に仕上がっております……。

宮下善紀

目次

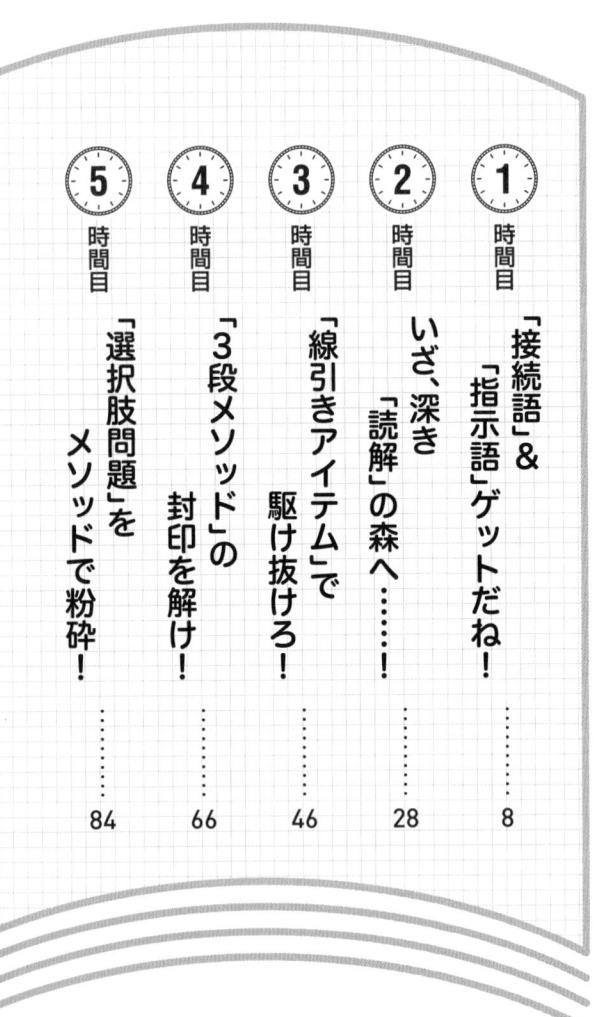

ブックデザイン ……… ワーク・ワンダース
DTP ……… フォレスト
本文イラスト ……… 熊アート
校　正 ……… 望月朋子
編集協力 ……… 一梓堂

本書の特長と使い方

本書は、難関私大の現代文入試問題で高得点を取るための「解き方」がわかる参考書です。よく問われる形式をピックアップして、効率よく解くための方法論とコツを解説しています。各講義で身についた力を試す練習問題（＝ミッション）を掲載しているので、セットで取り組むようにしてください。

1〜5時間目　読解の基本を学ぶ

6〜9時間目　設問別攻略法を獲得する

10時間目　実戦演習で総復習

著者オリジナルの3段メソッドは、たいへん重要です。前半「読解の基本」でしっかり身につけて、後半「設問別攻略法」に臨みましょう。

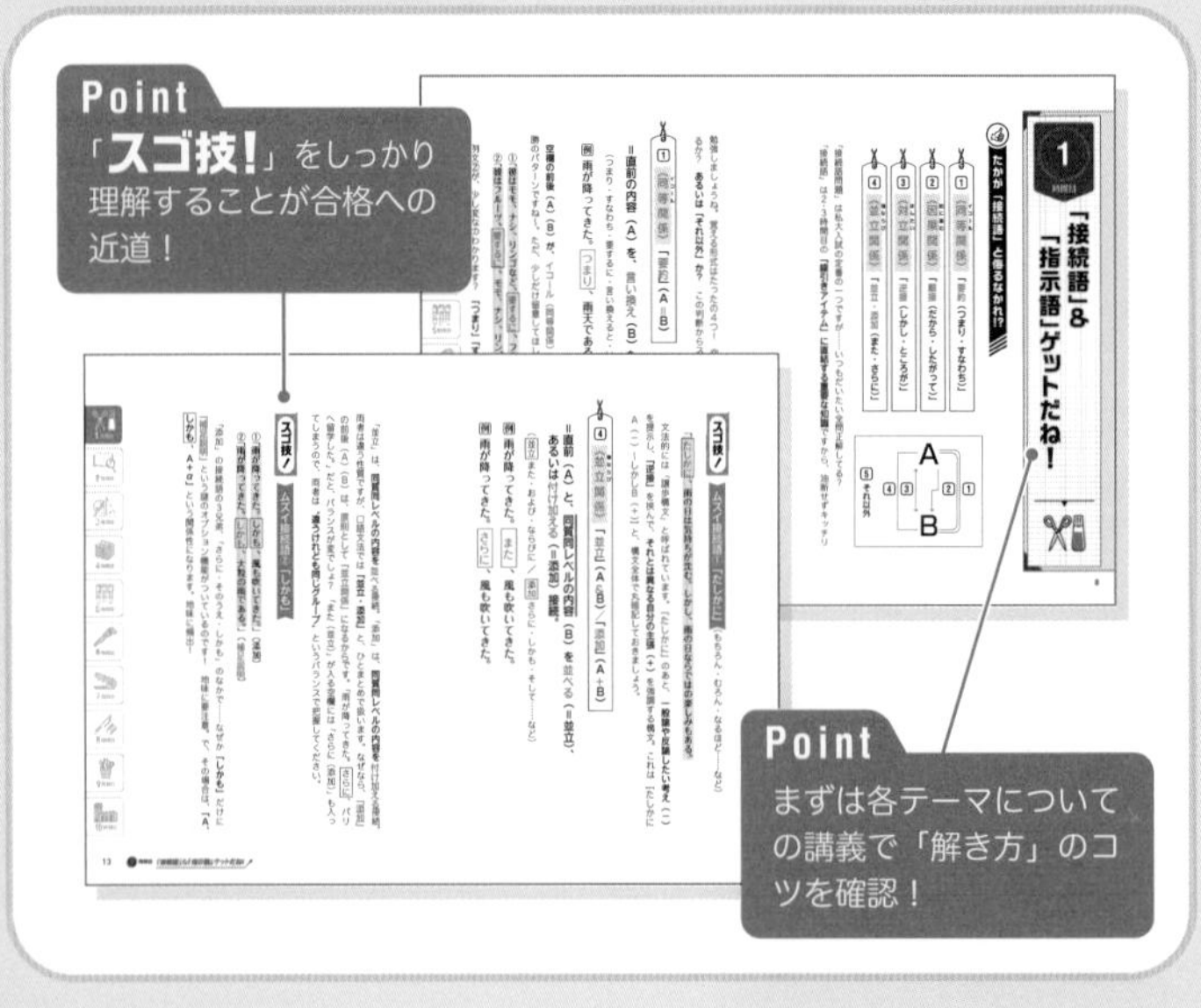
Point
「スゴ技！」をしっかり理解することが合格への近道！
「接続語」&「指示語」ゲットだね！
Point
まずは各テーマについての講義で「解き方」のコツを確認！

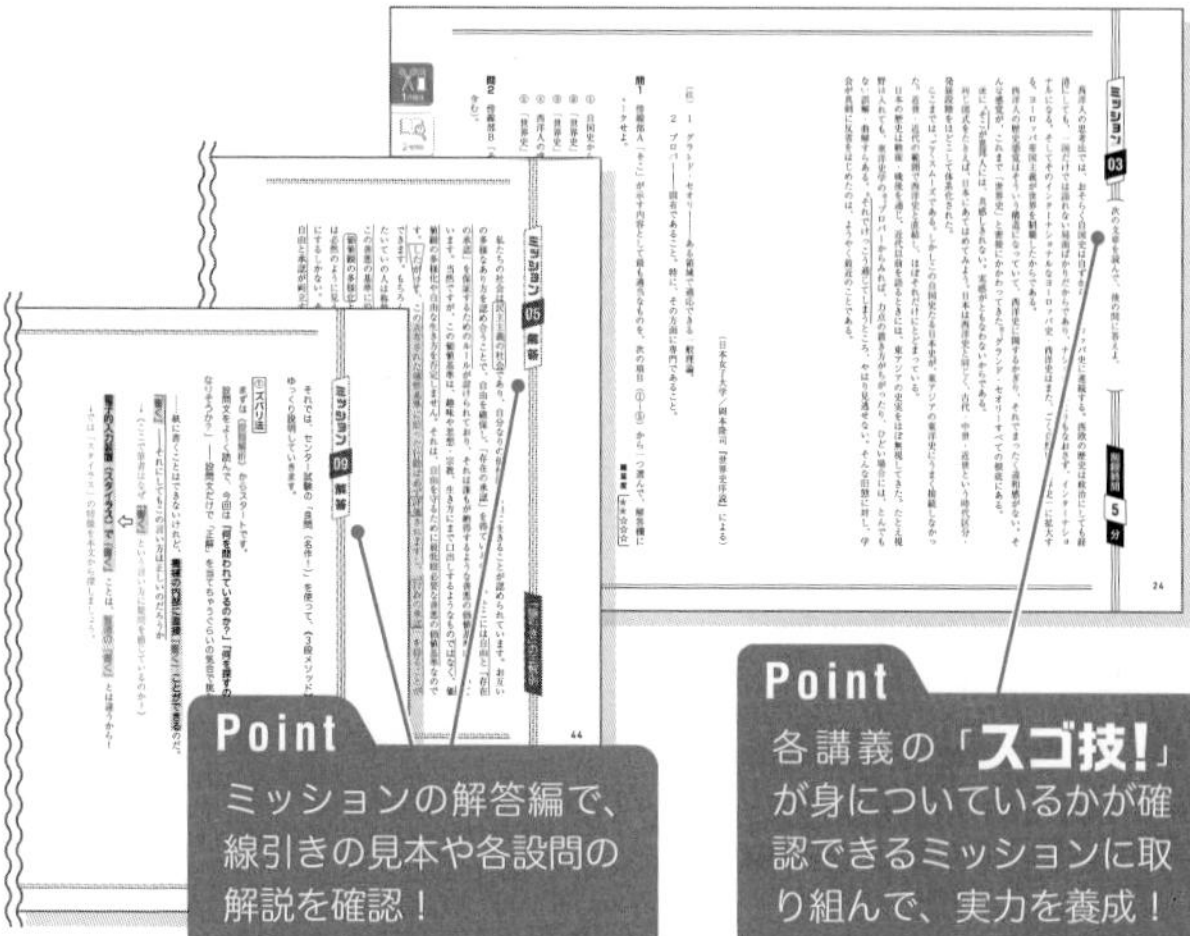

Point

各講義の「**スゴ技！**」が身についているかが確認できるミッションに取り組んで、実力を養成！

Point

ミッションの解答編で、線引きの見本や各設問の解説を確認！

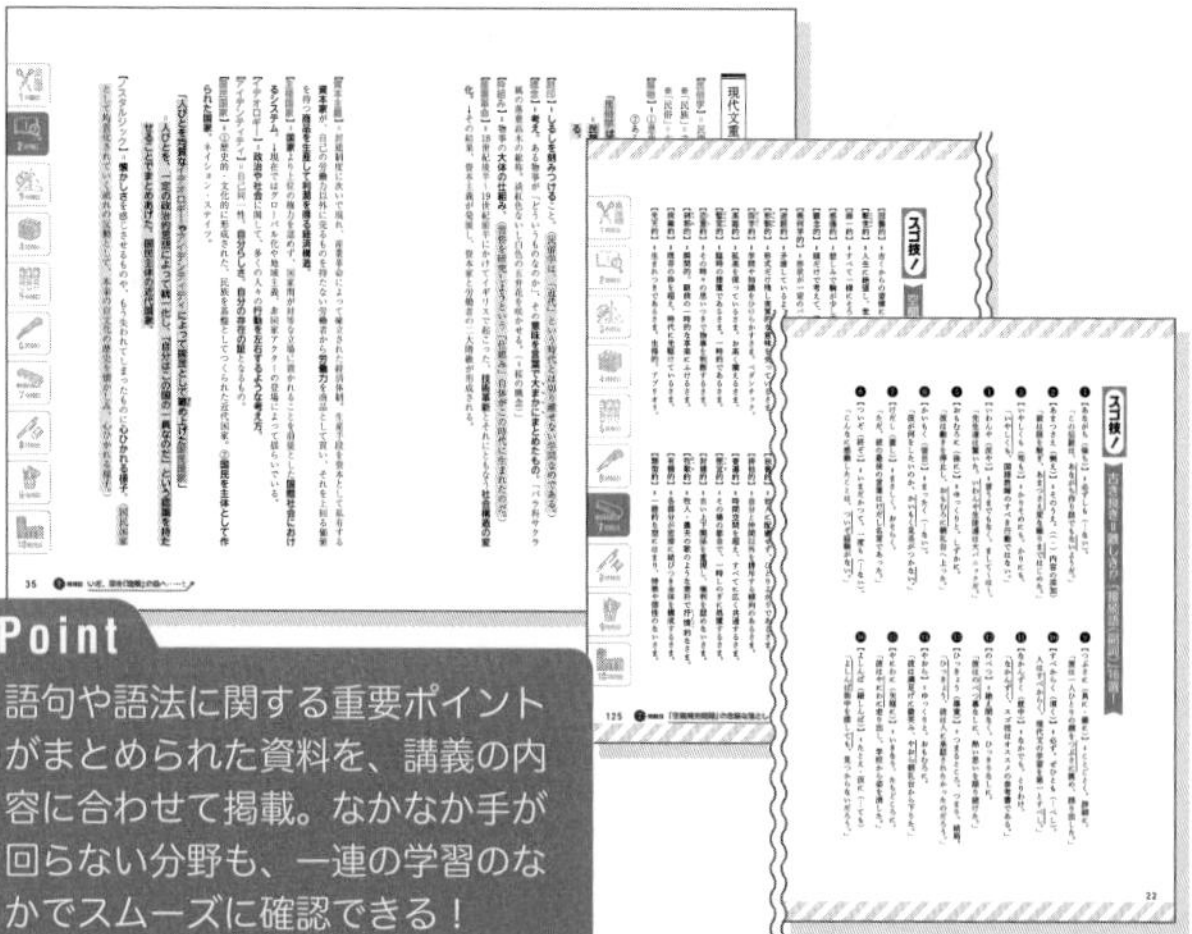

Point

語句や語法に関する重要ポイントがまとめられた資料を、講義の内容に合わせて掲載。なかなか手が回らない分野も、一連の学習のなかでスムーズに確認できる！

1
時間目

「接続語」&「指示語」ゲットだね！

たかが「接続語」と侮るなかれ!?

1 《同等《イコール》関係》「要約（つまり・すなわち）」

2 《因果《前に進む》関係》「順接（だから・したがって）」

3 《対立《はんたい》関係》「逆接（しかし・ところが）」

4 《並立《横ならび》関係》「並立・添加（また・さらに）」

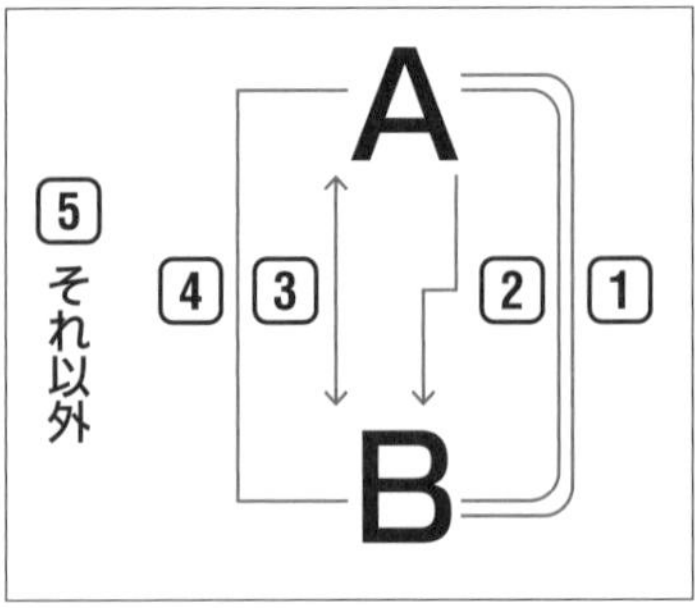

「接続語問題」は私大入試の定番の一つですが……いつもだいたい全問正解してる？

「接続語」は2・3時間目の**「線引きアイテム」に直結する重要な知識**ですから、油断せずキッチリ

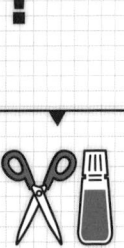

勉強しましょうね。**覚える形式はたったの4つ！** 空欄前後の関係が、**《基本4文型》のどれにあたるか？ あるいは「それ以外」か？** この判断からスタートです。

① 《同等関係《イコール》》 「要約」（A＝B）

＝直前の内容（A）を、言い換え（B）たり、まとめ（B）たりする接続。

（つまり・すなわち・要するに・言い換えると・いわば・逆に言うと……など）

例 雨が降ってきた。つまり、雨天である。

空欄の前後（A）（B）が、イコール（同等関係）だったら「要約」！ 接続語問題では、最も楽勝のパターンですね〜。ただ、少しだけ留意してほしいポイントがあります。

①「彼はモモ、ナシ、リンゴなど、要するに、フルーツが大好物です。」◎

②「彼はフルーツ、要するに、モモ、ナシ、リンゴなどが大好物です。」△

例文②が、少し変なのわかります？ **「つまり」「すなわち」「要するに」**は本来、**「直前の内容を短**

く、よりわかりやすくまとめると……」というニュアンスの言葉ですから、「A＝B」でも、**直後（B）のほうが比較的コンパクトで抽象的な表現になります。**例文②は直後が具体的だから、「例えば（例示）」を入れるほうが適切でしょう。

②《因果関係》《前に進む》「順接」（A↳B）

＝原因（A）に対して、順当な結果（B）を結ぶ接続。

（だから・したがって・それゆえに・そのため・すると・その結果……など）

例 **雨が降ってきた。だから、遠足は中止になった。**

「順接」は、原因（A）と結果（B）を、当然の順番どおりにむすぶ接続です。じつはコイツがなかなか手ごわい！ 単純な《同等関係》に比べ、**《因果関係》**の把握には、ちょいと高度な読解力が要求されます。だから、選択肢中に「だから」があったら気持ちを引きしめてください。

①「君が好きだ！ だから、僕と結婚してほしい！」（順接）

②「君が好きだ！　つまり、アイ・ラブ・ユーだ！」（要約）↑アホすぎ

接続語マスターへの一つ目の関門は、「順接（だから）」と「要約（つまり）」の識別です。見極めるコツは、（A）から（B）へ、**話が一歩前へ進んでいたら「順接」**！　**その場で足踏みしていたら「要約」**！　わかったかな？　つまり、ドゥーユーアンダスタン？

③《対立関係《はんたい》》「逆接」（A⇔B）

＝直前（A）に対して、逆の内容（B）を展開する接続。

（しかし・ところが・だが・とはいえ・にもかかわらず・しかるに……など）

例　雨が降ってきた。しかし、遠足は決行された。

「逆接」は、**直前と逆の内容、あるいは、前文からの予想を覆す展開を結ぶ接続**です。これはさすがに楽勝ですよね。ここでは「逆接」を絡めた**「たしかに～しかし構文」**を勉強しましょう。

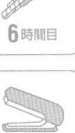

スゴ技！

ムズイ接続語①「たしかに」（もちろん・むろん・なるほど……など）

「たしかに、雨の日は気持ちが沈む。しかし、雨の日ならではの楽しみもある。」

文法的には「譲歩構文」と呼ばれています。「たしかに」のあと、**一般論や反論したい考え（－）**を提示し、**「逆接」**を挟んで、**それとは異なる自分の主張（＋）**を強調する構文。これは**【たしかにＡ（－）～しかしＢ（＋）】**と、構文全体で丸暗記しておきましょう。

④《並立《横ならび》関係》「並立」（Ａ＆Ｂ）／「添加」（Ａ＋Ｂ）

＝直前（Ａ）と、同質同レベルの内容（Ｂ）を並べる（＝並立）、あるいは付け加える（＝添加）接続。

（並立 また・および・ならびに／添加 さらに・しかも・そして……など）

例 雨が降ってきた。また、風も吹いてきた。

例 雨が降ってきた。さらに、風も吹いてきた。

「並立」は、**同質同レベルの内容を並べる**接続。「添加」は、**同質同レベルの内容を付け加える**接続。両者は違う性質ですが、口語文法では**「並立・添加」**と、ひとまとめで扱います。なぜなら、**「添加」の前後（A）（B）は、原則として「並立関係」になるから**です。「雨が降ってきた。さらに、パリへ留学した。」だと、バランスが変でしょ？「また（並立）」が入る空欄には「さらに（添加）」も入ってしまうので、両者は**〝違うけれども同じグループ〟**というバランスで把握してください。

スゴ技！ ムズイ接続語②「しかも」

①「雨が降ってきた。しかも、風も吹いてきた。」（添加）
②「雨が降ってきた。しかも、大粒の雨である。」（補足説明）

「添加」の接続語の3兄弟、「さらに・そのうえ・しかも」のなかで……なぜか**「しかも」**だけに**「補足説明」**という謎のオプション機能がついているのです！　地味に要注意。で、その場合は、**「A、しかも、A＋α」**という関係性になります。地味に頻出！

スゴ技！

ムズイ接続語③「そして」

①「私は音楽が好きだ。さらに（そして）、スポーツも好きだ。」（並立・添加）
②「寝坊をして遅刻した。だから（そして）、先生に叱られた。」（順接）
③「父はご飯を食べる。しかし（そして）、母はパンを食べる。」（逆接）
④「歯をみがき、そして、うがいをし、そして、顔を洗った。」（時間経過）

「そして」は、文と文をただつなぐだけの、**個性の弱～い接続語**なので、どんな空欄にもなんとなく入ってしまう厄介者です。選択肢に「そして」があるときは、なるべく最後まで残しておくのが賢明でしょう。なお、文法的には**「並立・添加」**の接続語に属しますが、接続語問題の正解としては、例文④**「時間経過」**のパターンが圧倒的に多いです。

空欄前後の関係が、①「**イコール**（要約）」か？ ②「**前に進む**（順接）」か？ ③「**はんたい**（逆接）」か？ ④「**横ならび**（並立・添加）」か？ まずは4つのうちのどれにあたるかを確認してください。⑤「**それ以外**」は基本的にザコだから、まあ、なんとかなるでしょう（笑）。

なお本書では、いわゆる「接続詞」だけでなく、「副詞」なども含めて「接続語」と定義していきますので、あしからず。では、ミッション01・02に挑戦です。

ミッション 01

次の文章を読んで、後の問に答えよ。

制限時間 2 分

ところで、アメリカ式のキーボードの配列は左上からQWERTYと並んでいるが、よく知られているように、この配列は人の指の形状や動作などを考慮してより敏速にタイピングできるように工夫された結果なのではない。［a］その理由は歴史的にみられた機械的制約によるものである。一五〇年ほど前にレミントン社がタイプライターにこの配列を採用した際には、iやeのような使用頻度の高いバーが互いに絡み合わないようにするという仕様上の理由があった。［b］、現在のコンピュータにバーなど存在しないし、人間工学的に見てもQWERTYが最適の配列とはいえない。［c］いまだにQWERTY配列が優勢なのは、一定の身体技法を身につけた人々には新しいキーボードはかえって「非効率的」で、新しいキーボードに合った身体技法に組み替えるためには多大な労力と費用を要するからである。

（早稲田大学／直江清隆『技術観のゆらぎと技術をめぐる倫理』による）

問題 空欄［a］～［c］に入る語句をそれぞれ次の中から一つ選び、マークせよ。ただし、同一の語句が重複することはなく、選択肢には本文に入らない語句も含まれている。

難易度 a ★☆☆☆☆ b ★★☆☆☆ c ★★☆☆☆

イ それゆえ　ロ すなわち　ハ にもかかわらず　ニ むしろ　ホ もちろん

次の文章を読んで、後の問に答えよ。

この三つの情報手段（本・新聞・テレビ）を簡単に比べてみますと、まず、本というものはたくさんの情報をわれわれにもたらしながら、[a]、その情報にきちんとした構造を与えています。ばらばらの印象を漫然と読者に与えるのではなくて、ひとつひとつの断片が鎖のように連なった情報を、山あり谷あり、始めと中と終わりを持つ完結したかたちで提供します。

（中略）

（二十世紀前半までの情報は）われわれがかつて知っていた儒教的な倫理観、あるいは、仏教的な生命観も、すべてそのような内部に構造性と体系性を持った情報であったわけです。[b]、ご承知のように二十世紀も後半になると、大はキリスト教から小は政治のさまざまなイデオロギーに至るまで、世界観と呼べるような情報の影響力は大幅に後退しました。

（中略）

もちろん、現実を見ることはたいへんむずかしく、見るたびに人間は心身ともに痛いめにあいます。とくに、青年時代はいろいろの夢を見ますが、その夢はなかなか実現できないものだということを、事あるごとに知らされます。[c]、趣味の世界で、山登りをしたり探検をすることも人格形成に役立つといいますが、その場合も、現実の厳しい経験、未知なるものが突然現われる驚きが、自己のアイデンティティーを作りあげているわけです。

（中略）

ある一人の名人がいて、ぼろぼろのトラックをなんとか動かしてみせるというような技術は近代では必要などころか、あってはは有害だと考えられています。トラックというものは、いかなる運転手でも動くような機械でなくてはならないので、天才的な運転手がやっと動かせるトラックなどというものは、現代では有害なのです。

d 、技術の修得が短期間の知識の修得になる一方、人間そのものが交換可能な知識の体系に変わったわけで、いいかえれば、人間存在そのものの知識化と非実体化、すなわち情報化が進んでいるといえるでしょう。

（中略）

これに対して、現代の現実が情報化していくということは、いいかえれば、現実のすべてが知識化していくことであり、その内部の意識を越えた部分が消滅しつつある、ということだといえるでしょう。 e 、それにつれて、現実とかかわる人間もまた情報化され、肉体も気質も持たない観念的な存在に変質しつつあるわけです。

（明治大学／山崎正和『混沌からの表現』による）

問題 空欄a～eに入る最も適切な語を次の中からそれぞれ一つずつ選んで、番号をマークせよ。

① また　② そして　③ しかも　④ つまり　⑤ しかし

難易度
a ★★☆☆☆　b ★☆☆☆☆　c ★☆☆☆☆
d ★★☆☆☆　e ★★☆☆☆

ミッション 01 解答

正解 a ニ b ホ c ハ

空欄a

「この配列は……工夫された結果なのではない。むしろ……機械的制約によるものである。」

「〜ではなく」「〜よりも」などの直後は、ほぼニ「むしろ」で決まりです。

空欄b・c

「もちろん、現在のPCにバーは存在しない＆QWERTYが最適の配列とはいえない。」

「にもかかわらずいまだにQWERTY配列が優勢なのは、……」

空欄bはホ「もちろん」、空欄cはハ「にもかかわらず」でした。【もちろんA（－）〜しかしB（＋）】の「譲歩構文」は、逆接以降も含んだ全体で把握しなければなりませんから要注意です。

正解
a ③
b ⑤
c ①
d ④
e ②

空欄a

「本」というものはたくさんの情報をわれわれにもたらしながら、＝［A］
しかも、その情報にきちんとした構造を与えています。＝［A＋α］

空欄aには①「また」を入れても読めますが……空欄直後は、「情報（A）に、構造を与える（＋α）」という**「補足説明」**になっていますから、ここは③**「しかも」**が最適です。

空欄b

［二十世紀前半まで］＝内部に構造性と体系性を持った**情報**（＋）であった。しかし、
［二十世紀の後半］＝世界観と呼べるような**情報**の影響力は大幅に後退（－）した。

「二十世紀前半まで」の情報と「二十世紀の後半」の情報が**《対立《はんたい》関係》**ですから、逆接の⑤「しかし」でOK。

空欄c

「青年時代に見るいろいろな夢」……事あるごとに知らされます。

また、

「趣味の世界で、山登りをしたり探検をすること」「も」……作りあげているわけです。

前後は《**並立関係**《よこならび》》ですから、ここで①「**また**」を投入。直後に「**も**」があれば原則的に「並立」です。

空欄d

「天才的な運転手（＝**交換不可能**）」＋「やっと動かせるトラック（＝**修得困難**）」＝**有害**（－）

つまり、

「技術＝**短期間の知識の修得になった**」＋「人間そのもの＝**交換可能な知識の体系に変わった**」

（言い換えれば）、人間存在そのものの**知識化と非実体化**、（すなわち）**情報化が進んでいる**（＋）

着眼ポイント（－）（＋）は逆だけど、言いたいことは、《**同等関係**《イコール》》なので、要約の④「**つまり**」が正解。

空欄e

「現実のすべてが知識化していくこと……意識を越えた部分が消滅しつつある、ということ……」

「そして、**それにつれて、**現実とかかわる人間もまた情報化され……観念的な存在に変質しつつある……」

空欄eも**《並立《横ならび》関係》**なので①「また」を入れられますが、直後は「それにつれて」と、時間的に前へ進む展開なので、ここで**「時間経過」**の②**「そして」**を投入です！

接続語の空欄補充は、まず**《基本4文型》のどれにあたるかを確認。**それ以外なら、改めて**別の可能性**を考えればいいのです。**空欄前後をつぶさに確認し、すべからく論理的に攻略すべし。**やおら「指示語」へと進む。

スゴ技！ 古き良き＝難しき!? 「接続語（副詞）」16選！

❶【あながち（強ち）】＝必ずしも（…ない）。
「この伝説は、あながち作り話でもないようだ。」

❷【あまつさえ（剰え）】＝そのうえ。（（二）内容の添加）
「彼は服を脱ぎ、あまつさえ変な踊りまではじめた。」

❸【いやしくも（苟も）】＝かりそめにも。かりにも。
「いやしくも、国語教師のすべき行動ではない。」

❹【いわんや（況や）】＝言うまでもなく。まして〜は〜。
「先生達は驚いた。いわんや生徒達は大パニックだ。」

❺【おもむろに（徐に）】＝ゆっくりと。しずかに。
「彼は動きを停止し、おもむろに朝礼台へ上った。」

❻【かいもく（皆目）】＝まったく（…ない）。
「彼が何をしたいのか、かいもく見当がつかない。」

❼【けだし（蓋し）】＝まさしく。おそらく。
「ただ、彼の最後の言葉はけだし名言であった。」

❽【ついぞ（終ぞ）】＝いまだかつて。一度も（…ない）。
「こんなに感動したことは、ついぞ経験がない。」

❾【つぶさに（具に・備に）】＝ことごとく。詳細に。
「彼は一人ひとりの顔をつぶさに眺め、語り出した。」

❿【すべからく（須く）】＝必ず。ぜひとも（…べし）。
人はすべからく、現代文の学習を第一とすべし。」

⓫【なかんずく（就中）】＝なかでも。とりわけ。
「なかんずく、スゴ技はオススメの参考書である。」

⓬【のべつ】＝絶え間なく。ひっきりなしに。
「彼はのべつ幕なしに、熱い思いを語り続けた。」

⓭【ひっきょう（畢竟）】＝つまるところ。つまり。結局。
「ひっきょう、彼は人に承認されたかったのだろう。」

⓮【やおら】＝ゆっくりと。おもむろに。
「彼は満足げに微笑み、やおら朝礼台から下りた。」

⓯【やにわに（矢庭に）】＝いきなり。たちどころに。
「彼はやにわに走り出し、学校から姿を消した。」

⓰【よしんば（縦しんば）】＝たとえ・仮に（…ても）
「よしんば街中を探しても、見つからないだろう。」

たかが「指示語」と侮るなかれ!?

「指示語」とは、**一度出てきた言葉**のしつこい繰り返しを避けるために、それと**置き換えて使う記号**です。だから、**「それ（指示語）」が指し示す内容は、指示語の直前にくる**わけです。（だいたい3行前以内かな。それ以上遠いと、たんに読みにくいです。指示内容が直後にくるのは「これを言ってはなんですが……」なんて、前振りで使うケースです。）

とまあ、ここまでは誰もが知っている基本情報。注目してほしいのは、次のポイント！

「指示内容」は直前！　でも、「手がかり（根拠）」は直後にある！

A君がB君を笑わせたらC君がお茶を吹き出しD君がびしょ濡れになり、E君が拭いてあげるのをF君とG君とH君がニヤニヤしながら眺めていた。君もこういう優しい人間になりなさい。

「こういう」が指し示すのは、ナニ君？　直後の**「優しい人間」**を手がかりに考えると、当然**「E君（のような）」**ってことで、いいね？（F～H君のような人間にはならないように。）指示内容は、**直後の手がかりをきちんと押さえてから、直前を探す！**　では例題！

ミッション 03

次の文章を読んで、後の問に答えよ。

制限時間 5 分

西洋人の思考法では、おそらく自国史は自ずから、ヨーロッパ史に連続する。西欧の歴史は政治にしても経済にしても、一国だけでは語れない局面ばかりだからであり、ナショナルはとりもなおさず、インターナショナルになる。そしてそのインターナショナルなヨーロッパ史・西洋史はまた、ごく自然に「世界史」に拡大する。ヨーロッパ帝国主義が世界を制覇したからである。

西洋人の歴史感覚はそういう構造になっていて、西洋史に関するかぎり、それでまったく違和感がない。そんな感覚が、これまで「世界史」と密接にかかわってきた[注1]グランド・セオリーすべての根底にある。

逆に[A]そこが異邦人には、共感しきれない。実感がともなわないからである。

同じ図式をたとえば、日本にあてはめてみよう。日本は西洋史と同じく、古代・中世・近世という時代区分・発展段階をほどこして体系化された。

ここまでは、ごくスムーズである。しかしこの自国史たる日本史が、東アジアの東洋史にうまく接続しなかった。近世・近代の範囲で西洋史と直結し、ほぼそれだけにとどまっている。

日本の歴史は戦前・戦後を通じ、近代以前を語るときには、東アジアの史実をほぼ無視してきた。たとえ視野に入れても、東洋史学の[注2]プロパーからみれば、力点の置き方がちがったり、ひどい場合には、とんでもない誤解・曲解すらある。[B]それでけっこう通じてしまうところ、やはり見逃せない。そんな旧態に対し、学会が真剣に反省をはじめたのは、ようやく最近のことである。

（日本女子大学／岡本隆司『世界史序説』による）

（注）　1　グランド・セオリー——ある領域で適応できる一般理論。
　　　2　プロパー——固有であること。特に、その方面に専門であること。

問1　傍線部A「そこ」が示す内容として最も適当なものを、次の項目（①〜⑤）から一つ選んで、解答欄にマークせよ。

難易度［★★☆☆☆］

① 自国史からの自然な拡大として「世界史」が成立すること。
② 「世界史」が、もっぱら西洋の歴史だけを扱ってきたこと。
③ 「世界史」の記述とキリスト教の信仰が直結していること。
④ 西洋人の感覚では、「世界史」と自国史が等価であること。
⑤ 「世界史」の根底には、西洋人の歴史感覚が存在すること。

問2　傍線部B「それでけっこう通じてしまう」とは、どういうことか。四十字以内で説明せよ（句読点等を含む）。

難易度［★★★★☆］

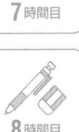

「自国史」は自ずから**「ヨーロッパ史」**に連続し、また、ごく自然に**「世界史」**に拡大する。

(a)「**西洋人の歴史感覚**」はそういう構造になっている。

(b)「**そんな感覚**」が、**「世界史」**と密接に関わる**グランド・セオリーすべての根底**にある。

逆に**そこ**[A]が異邦人には、**共感しきれない。実感がともなわない**からである。

「そこ」が指すのは、(a)か？　(b)か？　**指示語の直後**に注目すると、「そこ」は「**異邦人**には、**共感しきれない。実感がともなわない**」ものだから、その対照となる「**西洋人**の**歴史感覚**」だと判断できます。

さらに(a)の「そういう構造」という指示語をさかのぼり、「西洋人の歴史感覚」の中身を説明した、①「**自国史からの自然な拡大として「世界史」が成立すること。**」が正解となるわけです。

(b)は**そこから展開した具体例**であって、異邦人が「共感しきれない」直接のポイントではありません。

例えば、(a)「日本人はタコが好きである」／(b)「おでんや酢の物などの料理にもタコが使われる」／【そこが西洋人には共感できない】……この場合、西洋人が共感できないのは、(a)「日本人のタコ好き感覚」であり、(b)「おでんや酢の物にタコが入っていること」では限定的すぎます。

②は「世界史」が主語だから×。③は全然ナシで×。④は「等価」という関係性が×。⑤は「「世界史」の根底には」という前提が×。本文には、**「一般理論《グランド・セオリー》」の根底**にある、と書かれています。

正解 ①

スゴ技！ 傍線部問題の鉄則!!

傍線部中に指示語がある場合、まずは「指示語問題」として対処する!!

長い傍線部の途中に「指示語」が入っていたら、**必ず「指し示す内容」**を押さえてください。非常に高い確率で、**指示内容が解答のポイントになってきます！**

【10点満点】として、配点していきます。傍線部Bの「**それ**」が指し示すのは、「（日本の歴史は）**東洋史**（**東アジアの史実**）**をほぼ無視してきた**（**誤解・曲解すらある**）」といった内容です【4点】。続いて「**けっこう通じてしまう**」の解釈は、「『**日本の歴史**』**として一般に通用してしまう**（**理解されている・受け入れられている・語られている**）」といった表現でよいと思います【3点】。ただし、傍線部Bに対して筆者は「**やはり見逃せない**」「**学会が真剣に反省をはじめた**」とお怒りモードなので、ここは「**無反省に**（**省みず・考慮せず・気にも留めず**）」といった（二）的表現を加えると完璧でした【3点】。では模範解答を2つドーゾ。

正解例

東洋史を無視したり誤解していても、省みることもなく日本の歴史が語られていること。（四〇字）

東アジアの史実を無視して語られた日本史が、無反省に受け入れられているということ。（四〇字）

2
時間目

いざ、深き「読解」の森へ……！

そもそも「読解力」とは何ぞや……？

「先生～、今から『読解力』を上げる方法って、ありますか？」

――もちろん、ありますよ！　《読解力を爆上げする、3つのルール》！　それは……

①「読書は週に1冊（一か月に4～5冊）のペースを続けよう！」

②「気になる言葉を見つけて、辞書で一日3コ以上は調べよう！」

③「年上の人たちと、積極的にコミュニケーションを楽しもう！」

なんと！　この3つのルールを継続するだけで、真の読解力が、確実に、メキメキと、3年以内に、、、、

……はい？　なんですか？　え？　そういうことではなく？　……あらら。完全に間違えていました。

これは**《小学3年生から始める読解アドバイス！》**でした！

……え～っとキミはたしか、高校3年生でしたっけ？　で、今から「読解力」を身につけたいと？

しかも、入試本番までに？　読書する余裕はないけど？　できるだけラクして？　……ほーん。

ではまず、そもそも**「読解力」とは何なのか？**　その正式な定義から確認してみましょう。

「読解力」＝自らの目標を達成し、自らの知識と可能性を発達させ、効果的に社会に参加するために、書かれたテキストを理解し、利用し、熟考する能力。（文部科学省「PISA調査における読解力の定義」）

………いや、余計に意味わからんわ！！！……簡単に説明すると、**「イケてるオトナになるために必要な、文章を正しく理解して深く考える能力」**ってことですかね。

先日、授業中に「小説以外のフツーの書籍（＝評論）で、最後まで読み切ったものって何？」って聞いたら、ある生徒が『ざんねんないきもの事典』って答えました。むむむ〜。そうきたか〜。

たしかに『ざんねんないきもの事典』シリーズは、読みやすくて、面白くて、私も家族も大好きな本です。

それに比べると、入試で出題される「評論」は、残念ながら、**長くて難しくて読みにくくて面白くない文章**も少なくありません。すなわち、「評論」を読むという経験は、**「理解力」**や**「スピード」**を鍛えることはもちろん、最後まで読み切る**「持久力」**や**「忍耐力」**も育んでくれるのです。

となると〜、結局「読書は週に1冊ペース！」なんて、小3の読解アドバイスに回帰しちゃうんですけど……ここはひとつ『スゴ技』流で、「読解」の森を切り拓いていきましょうか。

「現代文重要単語」で世界が変わる!?

では、いわゆる**「読解力」**の高い人とは、どんな能力の持ち主なのかを分析すると……

本文の内容を「正確に」「高速で」「上手に」読むことができる人

と定義できるのではないでしょうか。こうした能力は、基本的には読書経験を通じて育まれるものなのですが……なるべく短時間でそのレベルに近づく方法があるとすれば……、**「現代文重要単語」の暗記**と、**「線引き」の技術マスター**、この2つでしょう！

「現代文重要単語」の暗記！ → 正確に理解するスキルがＵＰ！／高速で処理するスキルがＵＰ！

「線引き」の技術マスターー！ → 高速で処理するスキルがＵＰ！／上手に整理するスキルがＵＰ！

まずは「現代文重要単語」のお話から——。

英語に「英単語」、古文に「古文単語」があるように、現代文にも「現代文重要単語」が存在します。

「ほーん。でも所詮は『日本語（現代語）』だから、ある程度はなんとかなるでしょ？」なんて軽く考えている人は……この本を読むのを一旦ストップして、先に単語集を1冊暗記してください!!

あのね、算数を解くのに、九九を覚えてなきゃ話にならないでしょ？　先に歴代総理を暗記しておかないと、近代史の流れを整理しにくいでしょ？　キビシイ言い方をすれば……例えば**「イデオロギー」という言葉の意味を知らない人は、まだ大学を受験しちゃいけないのです！**　大学生になる覚悟と準備が足りません！

長くて難しい「文章」も、短い「文」の集まり。そして、短い「文」は、小さい「単語」の集まりです。すなわち、「現代文重要単語」をきちんと頭に詰め込めば……

読解の「精度」と「速度」が両方レベルアップするのです!!!

単語の意味を〝**なんとな〜く**〟で処理しているから、本文全体も〝**なんとな〜く**〟しか理解できないのです。どの本でもいいので、とにかく**「現代文重要単語（キーワード）」**の参考書を**1冊きっちり暗記**してください！「ありゃ!?　わたしが今までかけていたこのメガネ、じつはメチャメチャ曇ってたのか！」……ってぐらい、見える世界がガラっと変わりますよ！

ミッション 04

次の文章の「赤色の語句」「　の部分」の意味内容に注意しながら読み、後の問に答えよ。

制限時間 5 分

民俗学は近代の**賜物**である。民俗学には、拭いがたく近代の**刻印**が打ち込まれている。それは実は日本の民俗学に限らず世界の民俗学に共通している特徴である。アメリカ民俗学者のリチャード・バウマンが、「私たちがもっている基本的な**概念**の発生と発展を探れば探るほど、民俗学という**枠組み**自体が、近代の到来に代表される新時代を告げる社会的変容から生まれたものであることが、いよいよ明白になった」と述べるように、近代という時代状況なくして、民俗学は生まれることはなかったのである。

一八世紀以降のヨーロッパにおいて始まった**産業革命**によって、人間がもつ技術は飛躍的に発達し、過去の技術は非効率で古臭いものとしてうち捨てられた。その産業革命によって進展した工業化や**資本主義**によって、社会や経済の仕組みは根本から作り直された。さらに、**主権国家**が成立し、**人びとを均質なイデオロギーやアイデンティティによって国民として纏《まと》め上げた国民国家**が誕生することにより、自らの文化が発見されたり、創造されたりした。そのような近代的状況のなかで、自らの文化の歴史を**ノスタルジック**に辿り、失われつつある自らの文化を惜しみ、そして他の国や民族とは異なる自らの文化の「本質」を発見し、復興させる近代的な動きのなかから、民俗学は誕生したのである。

（立命館大学／菅豊『「新しい野の学問」の時代へ』による）

問題　傍線部「近代という時代状況なくして、民俗学は生まれることはなかった」とあるが、その理由として、最も適当なものを、次のなかから選び、その番号をマークせよ。

難易度 ★★★★☆

① 近代の国民国家において、均質なイデオロギーやアイデンティティが整理されたがゆえに、固有の自文化の体系を編成する必然性が生じたから

② 近代化のなかで社会や経済の仕組みを根本から作り直す変革の原動力として、それまでの自国の文化の相対化や発見が必要となったから

③ 近代の主権国家の権力を強めるための国策として、自文化の「本質」を保証するための在来文化の復興や体系化の動きが起こったから

④ 近代の工業化や資本主義のなかで過去の文化が失われていく状況を受けて、それを懐かしく惜しみ復興する視点が発生したから

⑤ 近代化の過程で世界各所に起こった抵抗運動の論拠として、過去の歴史へのノスタルジーに支えられた共感が求められたから

⑥ 近代における産業革命のもたらした技術の飛躍的な発達により、在来の土着文化の調査や収集を行うことが可能となったから

現代文重要単語集！

語句の意味を参照して、本文をもう一度読み込んでください！

【民俗学】＝民間伝承を調査し、庶民の生活・文化の発展の歴史を研究する学問。

※「民族」＝文化を共有し、帰属意識を持った**人間集団**。「民族運動」「少数民族」

※「民俗」＝古くから民間に伝承してきた、**風俗や習慣**。「民俗芸能」「地域の民俗」

【賜物】＝①恩恵や祝福として**与えられたもの**。「水は天からの――である」

②あることの結果として現れたよいもの。成果。「長年の努力の――です」

「民俗学は近代の賜物である」

＝**民間伝承や庶民の風俗・習慣を研究する民俗学は、近代という時代によって生み出されたものである。**

【刻印】＝**しるしを刻みつける**こと。（民俗学は、「近代」という時代とは切り離せない学問なのである。）

【概念】＝**考え**。ある物事が「どういうものなのか」、その**意味を言葉で大まかにまとめたもの**。「バラ科サクラ属の落葉高木の総称。淡紅色ないし白色の五弁花を咲かせる。（＝桜の概念）」

【枠組み】＝物事の**大体の仕組み**。（習俗を研究しようという「仕組み」自体がこの時代に生まれたのだ。）

【産業革命】＝18世紀後半～19世紀前半にかけてイギリスで起こった、**技術革新**とそれにともなう**社会構造の変化**。→その結果、資本主義が発展し、資本家と労働者の二大階級が形成される。

【資本主義】＝封建制度に次いで現れ、産業革命によって確立された経済体制。生産手段を資本として私有する**資本家**が、自己の労働力以外に売るものを持たない労働者から**労働力**を商品として買い、それを上回る価値を持つ**商品を生産して利潤を得る経済構造**。

【主権国家】＝**国家**より上位の権力を認めず、国家間が対等な立場に置かれることを前提とした**国際社会におけるシステム**。→現在ではグローバル化や地域主義、非国家アクターの登場によって揺らいでいる。

【イデオロギー】＝**政治や社会**に関して、多くの人々の**行動を左右するような考え方**。

【アイデンティティ】＝自己同一性。**自分らしさ**。**自分の存在の証**となるもの。

【国民国家】＝①歴史的・文化的に形成された、民族を基盤としてつくられた近代国家。②**国民を主体として作られた国家**。ネイション・ステイツ。

「人びとを均質なイデオロギーやアイデンティティによって国民として纏《まと》め上げた国民国家」

＝**人びとを、一定の政治的思想によって統一化し、「自分はこの国の一員なのだ」という認識を持たせることでまとめあげた、国民主体の近代国家。**

【ノスタルジック】＝**懐かしさ**を感じさせるものや、もう失われてしまったものに**心ひかれる様子**。（国民国家として均質化されていく流れの反動として、本来の自文化の歴史を懐かしみ、心ひかれる様子。）

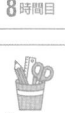

そのような近代的状況のなかで、①自らの文化の歴史を**ノスタルジックに辿り**、②失われつつある**自らの文化を惜しみ**、そして③他の国や民族とは異なる**自らの文化の「本質」を発見し**、④**復興させる近代的な動き**のなかから、**民俗学は誕生したの**である。

本文のラスト（ピンクの部分）が解答のポイント、すなわち「**民俗学が誕生した理由**」だということに気づけた人は多いと思います。さらにもう一歩踏み込んで、では**なぜ**こういった動き（ピンクの部分）が生まれたのかを考えると……背景に「**そのような近代的状況**」があったからなのです。それでは、**指示語**をたどってまとめ直しますよ〜。

産業革命の開始！ → 工業化・資本主義の発展！ → 主権国家の成立！

↓人びとを均質なイデオロギーやアイデンティティによって国民として纏《まと》め上げた国民国家が誕生！

……自らの文化が発見されたり、創造されたりした。

＝**はい、キミたちは今日から「フランス国民」です。「フランス語」を話し「フランスの歴史」を愛し「フランスの政治」に従い「フランスパン」を食べなさい。**

＝

（そのような近代的状況のなかで、）①ウチの村の文化や歴史が懐かしいべ。②ウチの村の文化がなくなるのは寂しいべ。③ウチの村の文化って、他と違って特別だべ？　④なんとかして、ウチの村の文化を復興させるべ！

→民俗学の誕生！

「国民国家」一色に塗りつぶされそうになった**反動として**、自らの伝統文化を懐かしみ復興したいという視点（民俗学）が誕生したのです。というわけで、正解は④でした。

①は「固有の自文化……必然性が生じた」が×。近代化の方向で必然的に生まれたものではなく、その反動として生じたのである。②は「変革の原動力として」、③は「権力を強めるための国策として」、⑤は「抵抗運動の論拠として」、⑥は「技術の飛躍的な発達により」という前提の部分が、それぞれ本文の内容と合わないので×。

語句の意味を正確に押さえることで、より深い読解を実感できたのではないでしょうか？

「線引き」の技術をマスターせよ！

それではいよいよ、本文の「線引き」をレクチャーしていきましょう。

そもそも、なぜ本文に線を引くのかというと、第一に**「本文を効率よく『読む』ため」**、第二に**「設問を効率よく『解く』ため」**です。すなわち「線引き」は……

「読む」ための技術であり、「解く」ための武器なのである！

……逆に「線引き」をしない理由が、見当たらないよね！

【論理的文章（評論）】

筆者の主張　［筆者の言いたいこと（＋）に――を引く］

キーワード　［読解のポイントとなる語句を○で囲む］

「評論」の場合、「具体例」や「反対の考え（－）」など、わりとどうでもいい部分をサクサク読み流し、**「筆者の主張（言いたいこと）」だけを狙い撃ち（＝線引き）**します。そうすることで、本文全体を**シンプルかつコンパクトに把握**することができるのです。

スゴ技！

「線引き」マスターへの〝秘訣〟

①「力がこもった部分」に、力を込めて線を引く！

読者に伝えたい内容は、筆者も気合を入れて書いてきます。そのメリハリを感じ取りながら、**なんだか力がこもった部分に、力を込めて線を引いてみてください！**

……ちょっとバカっぽいアドバイスに見えますが、これがメチャクチャ効果的なトレーニングとなります。目線をシャーペンで追いかけ、あえて〝引きすぎる〟ぐらい、強気で攻めてください。

②「引かない部分」を意識し、サクサク読み流す！

反対に、線引き不要な部分を理解しましょう。まず「**具体例**」や「**他者の言葉の引用**」などは軽く読み流し。また、わかりきった「**同内容の繰り返し**」も、念入りに線引きする必要ありません。そして、筆者と「**反対の考え（ニ）**」を意識的に避けていけば、「筆者の主張」はより明確に浮かびあがります。

つまり、段階的に「**線引き**」**を減らす努力**をしてほしいのです。線を「**引く箇所（ブレーキ）**」と「**流す箇所（アクセル）**」の差をハッキリつけることで、情報処理のテンポがどんどん上がっていきます！

「5つのアイテム」で駆け抜けろ！

続いて、「線引き」で使用する、便利な「5つのアイテム」を紹介します。接続語を記号化することで、**文章を構造的に捉え、展開を予想する「読解脳」が鍛えられていきます。**たった5つですからね、さっさと覚えていつでも使える状態にしてください!!

《1》要約【A＝B】つまり・すなわち・要するに・言い換えると・いわば……など

国語の成績が上がった。つまり、『スゴ技』が効果を発揮したのだ。

○要約の前後は「同内容」、すなわち、筆者が繰り返して述べる「重要な内容（主張）」がくる可能性が高いです。「⇩」マークで囲み、その前後は原則的に線引きするように意識しましょう。

《2》順接【A→B】だから・したがって・それゆえ・すると・その結果……など

国語の成績が上がった。だから、母がめちゃくちゃ喜んでくれた。

○順接は、「原因（上）」から「結果（下）」へ、内容が「ワンステップ『下』に進む」というイメージで、エレベーターの下行きボタン「▽」で囲みます。

《3》逆接【A⇕B】しかし・だが・ところが・とはいえ・にもかかわらず……など

国語の成績が上がった。しかし、社会の暗記がかなり遅れている。

○逆接は、「直前までの内容（展開）↓」に対して「↑逆の内容が始まる（アゲインスト！）」というイメージで、エレベーターの上行きボタン「△」で囲みます。

《4》ではなく【A＜B】ではなく・むしろ・よりも・だけでなく・ばかりか……など

国語の成績が上がったのではなく、他の科目が下がっているのだ。

○「ではなく」は、「このあとに主張（大事な内容）がくる」という目印です。「波線」を引いて直後に注目しましょう。「だけでなく」も、直後が焦点となる場合が多いので同様の扱いでOK。

《5》並立・対比【A－B】また・さらに・それに対して・一方は（他方は）……など

国語の成績が上がった。さらに、英語もだんだん伸びてきている。

○「AまたB」「AさらにB」「Aそれに対してB」「一方はA／他方はB」など、並立関係や対比関係を示す語句に「二重線」を引き、前後を構造的に把握しましょう。

ミッション 05

次の文章を「線引き」せよ。

制限時間 2分

私たちの社会は民主主義の社会であり、自分なりの価値観で自由に生きることが認められています。お互いの多様なあり方を認め合うことで、自由を確保し、「存在の承認」を得ているのです。そこには自由と「存在の承認」を保証するためのルールが設けられており、それは誰もが納得するような善悪の価値基準に基づいています。当然ですが、この価値基準は、趣味や思想・宗教、生き方にまで口出しするようなものではなく、価値観の多様化や自由な生き方を否定しません。それは、自由を守るために最低限必要な善悪の価値基準なのです。したがって、この共有された価値基準に沿った行動は必ず評価されますし、「行為の承認」を得ることができます。もちろん、ルールを守っただけではなかなか評価されませんが、積極的に困っている人を助ければ、たいていの人は称賛するでしょう。つまり、価値観が多様化し、承認の基準が不透明なこの時代にあっても、この善悪の基準に沿った道徳的な行為だけは、承認される可能性が高いのです。

価値観の多様化と自由への道は、一見すると、承認への欲望と矛盾し、自由と承認の葛藤、承認不安の増大は必然のように見えます。自由への欲望を満たせば承認への欲望が満たされず、承認を満たすには自由を犠牲にするしかない。そう思う人も多いでしょう。しかし、ルソーやヘーゲルが構想した民主主義社会の原理には、自由と承認が両立する道が、承認不安を緩和し、自由に生きるための道が示されているのです。

（立命館大学／山竹伸二『ひとはなぜ「認められたい」のか――承認不安を生きる知恵』による）

内容読解！

本文の展開を整理しました。しっかり読んでみてください。

民主主義の社会 →自由と「存在の承認」を保証するためのルールが設けられている。

したがって、（価値基準が多様化し基準が不透明な時代でも）**この善悪の価値基準（ルール）に沿った道徳的行為は、他者に「承認（＝いいね！）」される可能性が高い。**

（価値観の多様化した時代で）**「自由への道」を求めること**（＝思うままに生きたい）

（価値観の多様化した時代で）**「承認への欲望」を抱くこと**（＝他者に認められたい）

→真反対の方向性だから両立できないと思う人も多いだろう。

しかし、民主主義社会の原理（善悪の価値基準）には、**自由と承認が両立する道**

＝「承認」不安を緩和し、「自由」に生きるための道が示されているのだ。

頭に入ったら、「線引き」をイメージしながらもう一度本文を読み直してください！

私たちの社会は民主主義の社会であり、自分なりの価値観で自由に生きることが認められています。お互いの多様なあり方を認め合うことで、自由を確保し、「存在の承認」を得ているのです。そこには自由と「存在の承認」を保証するためのルールが設けられており、それは誰もが納得するような善悪の価値基準に基づいています。当然ですが、この価値基準は、趣味や思想・宗教、生き方にまで口出しするようなものではなく、価値観の多様化や自由な生き方を否定しません。それは、自由を守るために最低限必要な善悪の価値基準なのです。したがって、この共有された価値基準に沿った行動は必ず評価されますし、「行為の承認」を得ることができます。もちろん、ルールを守っただけではなかなか評価されませんが、積極的に困っている人を助ければ、たいていの人は称賛するでしょう。つまり、価値観が多様化し、承認の基準が不透明なこの時代にあっても、この善悪の基準に沿った道徳的な行為だけは、承認される可能性が高いのです。

価値観の多様化と自由への道は、一見すると、承認への欲望と矛盾し、自由と承認の葛藤、承認不安の増大は必然のように見えます。自由への欲望を満たせば承認への欲望が満たされず、承認を満たすには自由を犠牲にするしかない。そう思う人も多いでしょう。しかし、ルソーやヘーゲルが構想した民主主義社会の原理には、自由と承認が両立する道が、承認不安を緩和し、自由に生きるための道が示されているのです。

最後に……「読解力」向上の心得！

突然ですが、「読解」を「大食い・早食い」に例えます。いわゆる**「読解力」**が**「噛み砕いて、胃袋で消化する」**能力だとすると、これはさすがに短期間では身につきません。

それに対して**「線引き」**は、**「調理」**に相当します。食べやすいサイズに切り分け、火を通し、盛り付ける。そうした手作業は間違いなく「読解」を促進してくれるでしょう。

「現代文重要単語」はこの場合……**「歯」**です（笑）。頑丈な歯をズラリと並べる〝語彙力《ごいりょく》モンスター〟の高校生がいる一方、前歯2〜3本の知識量でノロノロ読んで「むず〜」とか呻《うめ》いている受験生……こういう人は、**現代文を舐めているとしか思えません**（歯がないだけに）！　評論読解には、専門の「重要単語」があるわけで、生活の中で自然と覚えた言葉なんて「乳歯」にすぎません。**乳歯で入試に挑もうなんて、10年早いんじゃ〜‼**

さてオススメの「現代文重要単語集」ですが……いま世に出ている参考書は、載っている単語がだいたい同じなので、正直どれを使っても大丈夫です。むしろ**「説明の書き方（詳しい／楽しい／短い）」**や**「レイアウト（読みやすい／暗記しやすい／コンパクト）」**などから気に入ったものを見つけ、愛読書としてもらえたらいいなって思います。

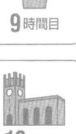

3 時間目

「線引きアイテム」で駆け抜けろ！

先に読む派？ 読まない派？

「先生～。本文って、先に全部読んだほうがいいんですか？」……共通テスト開始以降、この質問が激増しております。ところでキミはいつも、次のA・B・C、どのパターンで解いていますか？

《パターンA》本文を全部読む！（速度★ 安定感★★★）

＝先に本文を全部読み切ってから、改めて設問を解いていくパターン。

《パターンB》読みながら解く！（速度★★ 安定感★★）

＝本文を読みながら、途中の傍線部や空欄問題を解いていくパターン。

《パターンC》解きながら読む！（速度★★★ 安定感★）

＝先に設問を見て、傍線部や空欄前後の情報から解いていくパターン。

ちなみに私は……**「共通テスト」は《パターンA》**で、**「国公立2次試験（記述型）」は《パターンC》**で解いております。なぜなら、前者がぜひ**「満点を狙いたいテスト」**なのに対し、後者はあえて**「満点を狙わないテスト」**だからです。記述問題で「完璧《パーフェクト》」を目指すと、時間がいくらあっても足りません。限られた情報と時間のなかで「最善《ベスト》」の答案を次々と作っていくのが、国公立2次攻略ではベターな戦略だと考えます。

それでは、肝心の「私大現代文」はどう攻めるか？　そりゃあ、もちろん……！

『私大スゴ技』では、《パターンA》を推奨いたします！！！

「私大現代文」は選択肢問題が中心ですからね。**ここは当然「満点狙い」でしょ⁉**　また出題形式が多種多様で、とくに「抜き出し問題」「脱文挿入問題」「正誤問題」などは、**本文全体を把握しないと太刀打ちできません！**　……とはいえ、「スピードに自信がない人」「本番まで時間がない人」は、今から自分のスタイルを変えることに抵抗があるかと思います。ひとまず《パターンA》は〝努力目標〟といたしまして〜、ここではとにかく「線引き」の習得に集中しましょう！　**最初はきちんと確実に。**マスターしてしまえば、**読解の速度も精度もグ〜〜ンとアップ**するんです！　まさに、急がば線引き。鬼に線引き。思い立ったが線引き。石の上にも線引き。弘法も筆で線引き。（もういいよ！）

ミッション 06

次の文章を「線引き」し、後の問に答えよ。

制限時間 5 分

「尊厳死」という言い方は私にはまだ違和感があるが、ア いわんとすることはわかる。人間は死を経験することはできないが、「死に方」は経験する。それはまだ「生」なのである。そして、「尊厳」とは英語で「ディグニティ」であり、それはもともとラテン語の「ディグニタス」からきており、「……に値する」という意味であった。私なりに解釈すれば、「よき生」に値するような生を送ることが「ディグニティ」の基本であろう。何をよき生と考えるかは時代により文化によっても違うだろう。人によっても違うだろう。だが、この言葉の響きには、ただ生きているのではなく、何らかの意味で生きるに値するような生き方をする、つまり「よい生」を追求し、実現する、という意味合いが含まれている。

これは大事なことだと思う。なぜなら、近代社会では、「生きるに値するような生き方」つまり「よき生」は問わずに、まずは生きることが至上の価値とされたからである。万人の生命の尊重が近代社会の最高の価値となり、そのもとで20世紀には経済成長と福祉が求められ、21世紀になると、さらに医療技術と生命科学の進歩とともに、あらゆる病気を克服して寿命を可能な限りに延ばすことが人類の目標となった。人生100歳の時代かどうかはわからないが、健康寿命をはるかに超えて延命が可能なことは間違いないだろう。だが、イ それと対比すれば「死に方」の方はほとんど論議の対象にもならない。私は、別に寿命の延長が悪いとは思わないが、それでも、「生」へ向けて巨額の予算をつぎ込んだ国をあげての関心と、「死」への、冷ややかというべき社会の無関心のアンバランスが気になる。

だが、それも理由はないわけではなく、安楽死の問題を俎上《そじょう》にあげた途端に、われわれはあるどうしようもない壁にぶつかってしまうからだ。つまり、無条件の生命尊重という近代社会の価値との衝突である。具体的にいえば、殺人罪や殺人幇助の罪に問われかねない。いや、法的問題はともかく、近代社会の基本的な価値と衝突するのである。

（安田女子大学／佐伯啓思『死すべき者」の生き方』による）

問1 傍線部アに「いわんとすること」とある。その具体的な内容として、最も適切なものを、次の①～⑤のうちから一つ選べ。

難易度 ★★☆☆☆

① どのような死に方がよい死に方か、という論議も可能となるということ。
② 人間は死を経験することはできないが、「死に方」は経験するということ。
③ 「よき生」に値するような生を送ることが「ディグニティ」の基本であるということ。
④ 何をよき生と考えるかは、時代によって、文化によって、人によって違うということ。
⑤ 尊厳という言葉の響きには、「よい生」を追求し実現するという意味合いが含まれているということ。

問2 傍線部イに「それと対比すれば」とある。「それ」の指示内容を、本文中の語句を用いて、二十字以内で答えよ（句読点等も字数に含む）。

難易度 ★★★☆☆

「尊厳死」という言い方は私にはまだ違和感があるが、ァいわんとすることはわかる。人間は死を経験することはできないが、「死に方」は経験する。それはまだ「生」なのである。そして、「尊厳」とは英語で「ディグニティ」であり、それはもともとラテン語の「ディグニタス」からきており、「……に値する」という意味であった。私なりに解釈すれば、「よき生」に値するような生を送ることが「ディグニティ」の基本であろう。何をよき生と考えるかは時代により文化によっても違うだろう。人によっても違うだろう。だが、この言葉の響きには、ただ生きているのではなく、何らかの意味で生きるに値するような生き方をする、つまり「よい生」を追求し、実現する、という意味合いが含まれている。

これは大事なことだと思う。なぜなら、近代社会では、「生きるに値するような生き方」つまり「よき生」は問わずに、まずは生きることが至上の価値とされたからである。万人の生命の尊重が近代社会の最高の価値となり、そのもとで20世紀には経済成長と福祉が求められ、21世紀になると、さらに医療技術と生命科学の進歩とともに、あらゆる病気を克服して寿命を可能な限りに延ばすことが人類の目標となった。人生100歳の時代かどうかはわからないが、健康寿命をはるかに超えて延命が可能なことは間違いないだろう。だが、ィそれと対比すれば「死に方」の方はほとんど論議の対象にもならない。私は、別に寿命の延長が悪いとは思わないが、それでも、「生」へ向けて巨額の予算をつぎ込んだ国をあげての関心と、「死」への、冷ややかというべき社会の無関心のアンバランスが気になる。

だが、それも理由はないわけではなく、安楽死の問題を俎上《そじょう》にあげた途端に、われわれはあるどうしようもない壁にぶつかってしまうからだ。つまり無条件の生命尊重という近代社会の価値との衝突である。具体的にいえば、殺人罪や殺人幇助の罪に問われかねない。いや、法的問題はともかく、近代社会の基本的な価値と衝突するのである。

問1 「いわんとする（**言おうとしている**）こと」……つまり「尊厳死」という言葉が表現しようとしている内容を押さえます。

「**尊厳死**」＝ただ生きているのではなく、何らかの意味で生きるに値するような生き方をする、つまり「よい生」を追求し、実現する、という意味合いが含まれている。

「**A**ではなく**B**つまり**B**」のコンビネーションは、しっかりチェックできましたか？　ここは、B（ピンク）の部分をまとめた、⑤が正解となります。①は「論議も可能となる」が不要なので×。②はまだ「尊厳死」の説明の途中段階なので×。③もあくまで「ディグニティ」の説明にすぎませんから×。④はまったく本文に書かれていない内容だから×。

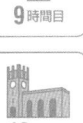

問2

尊厳死＝「よき生」に値するような生き方を追求し、実現する

→**人生をどのように終了させるか（＝死に方）に着目している！**

近代社会＝「寿命」を可能な限り延ばすことを至上の目標とする

→**内容より、ただ長く生きる方法（＝生き方）を模索している！**

それ(イ)と対比すれば「**死に方**」のほうはほとんど論議の対象にもならない。

「よき生き方が?……死に方??」って、混乱しちゃいますよねー。「**尊厳死**」では「死ぬ」ことを前提とし、死ぬまでの時間をどう充実させ（＝**よき生**）、人生をどう閉じるか（＝**死に方**）に注目します。それに対して「**近代社会**」の発想では、とにかく「**できるだけ長く生きる方法**」を追求します（できれば……「死なない」が理想！）。

傍線部イの「それ」は「**死に方**」との対比ですから、「**生き方**」として解釈します。つまりこの記述は、「**どうやって（いかにして）……するのか**」または「**～する方法**」という構成でまとめるのがベスト。この形だからこそ「論議の対象」にもなり得るのです。

正解例 **どうやって寿命を延長するのかということ。**（二〇字）

病気を克服し寿命を可能な限り延ばす方法。（二〇字）

《10点満点》**「寿命を延ばすこと」**（7点）／**「どうやって～（～方法）」**（3点）

スゴ技！ 「5つのアイテム」で、評論を快適ドライブ！

「政府は慌てて財政改革に着手した。しかし……」とくれば「かえって混乱を招く結果となった（失敗～）」と続きそうですよね。**「5つのアイテム（接続語の記号化）」**を使う最大のメリットは、**次の展開を、ある程度予測しながら読み進められる**という点です！

《1》A つまり B［＝前後（A・B）に、**筆者の強い主張（まとめ）**がくる］
《2》A だから B［＝ここまで（A）の方向で、**素直に前（B）へ進行する**］
《3》A しかし B［＝ここ（A）で方向を変え、**逆の内容（B）が展開する**］
《4》A ではなく B［＝直前（A）は軽く流し、**直後の内容（B）に集中する**］
《5》A に対して B［＝直前（A）と**同レベルの内容（B）が対比・並立**する］

「5つのアイテム」は、いわば道路標識です。**交通ルールに従って頭を切りかえ、次の展開を先取りする意識を持てば、「読解力」はグングン加速していきます！**　では、記号の役割をしっかりイメージしながら、次の ミッション07 に挑戦してみましょう。

ミッション 07

次の文章を読んで、後の問に答えよ。

制限時間 4 分

自由になるとは、何かにつながれて意のままに動けない状態、つまりは何かへの隷属から解き放たれて、みずからの意志で動けるようになることだと、とりあえず言うことができる。籠の鳥が外へと放たれるように。ここには隷属が不当な事態であるという思いがある。だから「自由」は「権利」という考えとすぐに結びつく。自由は「自らに由《よ》る」と書く。自分の思いどおりにふるまい、おこなうことができるということである。ここで、強制や拘束からの自由から一歩踏み込んで、「他人に迷惑をかけない」かぎりにおいて――それは他人の自由を制限したり否定したりすることにつながるから――、ひとはしたいと思う何をしてもよいという、近代社会の「自由」の概念が出てくる。つまり「自由」の概念は「自己」の概念とも深く結びついている。行動が自分の思いどおりにできるということ、これは「わたしがわたしの主人である」ということであり、「わたしがわたしの生の主宰者である」ということなのである。ここにひとの誇りはかかっている。

だから、人間がその誇りを蹂躙《じゅうりん》され、踏みにじられるような場面にまで追いつめられたとき、たとえば拷問を受けるときには、ひとは最後の最後、「好きなようにせい」「したいようにさせてやる」と拷問者に吐き棄てることで、つまりそれは自分が決めたことだと思いさだめることで、かろうじて「自己」の矜持を守ろうとする。わたしが相手にしたいようにさせたと宣言することで、他者の意のままにならない「自己」の最後の誇りを失うまいとするのである。こうして、自分の存在を自分の所有の対象とすることで、蹂躙されるのは主体としてのこのわたしではなく、わたしが所有している対象としてのわたしにすぎない、それによってわたしは無傷であると思いなすのである。

（中央大学／鷲田清一『わかりやすいはわかりにくい？』による）

問題 傍線部「「自由」の概念は「自己」の概念とも深く結びついている」の説明として、もっとも適当なものを左の中から選び、符号で答えよ。

難易度 ★★☆☆☆

A 「自由」は、他人に迷惑がかからないように強制や拘束から「自己」を解放する行為と不可分である。
B 市民社会における「自由」は、他人への隷属から「自己」を解き放つ権利の承認と不可分である。
C 近代社会における「自由」は、自分の存在を「自己」の所有物とみなすことと不可分である。
D 近代的な「自由」は、他者の自由を「自己」の延長として認めることと不可分である。
E 「自由」という言葉は、その語源にさかのぼると「自己」という言葉と不可分である。

自由になるとは、何かにつながれて意のままに動けない状態、つまりは何かへの隷属から解き放たれて、みずからの意志で動けるようになることだと、とりあえず言うことができる。籠の鳥が外へと放たれるように。ここには隷属が不当な事態であるという思いがある。だから「自由」は「権利」という考えとすぐに結びつく。自由は「自らに由《よ》る」と書く。自分の思いどおりにふるまい、おこなうことができるということである。ここで、強制や拘束からの自由から一歩踏み込んで、「他人に迷惑をかけない」かぎりにおいて――それは他人の自由を制限したり否定したりすることにつながるから――、ひとはしたいと思う何をしてもよいという、近代社会の「自由」の概念が出てくる。つまり「自由」の概念は「自己」の概念とも深く結びついている。行動が自分の思いどおりにできるということ、これは「わたしがわたしの主人である」ということであり、「わたしがわたしの生の主宰者である」ということなのである。ここにひとの誇りはかかっている。

だから、人間がその誇りを蹂躪《じゅうりん》され、踏みにじられるような場面にまで追いつめられたとき、たとえば拷問を受けるときには、ひとは最後の最後、「好きなようにせい」「したいようにさせてやる」と拷問者に吐き棄てることで、つまりそれは自分が決めたことだと思いさだめることで、かろうじて「自己」の矜持を守ろうとする。わたしが相手にしたいようにさせたと宣言することで、他者の意のままにならない「自己」の最後の誇りを失うまいとするのである。こうして、自分の存在を自分の所有の対象とすることで、蹂躪されるのは主体としてのこのわたしではなく、わたしが所有している対象としてのわたしにすぎない、それによってわたしは無傷であると思いなすのである。

自由① ＝**何かへの隷属から解き放たれて、みずからの意志で動けるようになる**こと

↓ だから 「自由」は「**権利**」と結びつく

自由② ＝**自分の思いどおりにふるまい、おこなうことができる**ということ

↓ つまり 「自由」は「**自己**」とも結びつく

＝**わたし（自己）がわたしの主人公（主宰者・所有者）である、という誇り**

「相手に『自己』が踏みにじられている」のではなく、**「『自己』の意志で、身体（＝所有物）への暴力を許可している」**と解釈することで、自己のプライドを守ることができる、という内容でした。

A「強制や拘束から（の解放）」、B「他人への隷属から……解き放つ」は、ともに「自由①」の内容だから×。

C「自分の存在を『自己』の所有物とみなすこと」は、まさに「自由②」の内容と合致するから、これが正解◎。

D「他者の自由を『自己』の延長として認める」は……逆にすごいね。「お前のものは俺のもの」という、ジャイアンの理論に合致。もちろん、×（笑）。E「その語源にさかのぼると」がナシで×。

スゴ技！　「読んでも、内容を忘れちゃう」というキミへ……！

①積極！　チャレンジ戦術　「ワーキングメモリ」を起動せよ！

頭の中に**「白いノート」**を想定します。そして、「線引き」しながら、頭のノートにポイントをメモっていくのです。例えば《①ビタミンの話↓②イチゴの例↓③食材と免疫力》……とかね。**読解しながら、情報を一時的に記憶していく作業**を**「ワーキングメモリ」**といいます。さらに、頭の中の**「メモ（＝点）」**を**「線」**で結べば、本文の全体構成が一望できます。この《超絶スゴ技》……習得を目指して積極的に取り組んでいただきたし！

②消極！　開きなおり戦術　〝忘れる〟ために「線引き」する!?

「ワーキングメモリ」が苦手な人は（ちなみに「忘れ物が多い人」「机の上が汚い人」と、ほぼ合致するらしいぞ）、いっそ〝覚えない戦法〟はいかがでしょう。「線引き」を「蛍光マーカー」だとイメージし、大事な箇所をチェックしていきます。要するに、**忘れてもいいようにマーキングしておく**という発想です。で、設問に絡んだときに改めて「線引き箇所」を確認すればいいわけです。「お、ここ引いといてよかった～♪」てね。

ミッション 08

次の文章を読んで、後の問に答えよ。

制限時間 6 分

「精神の文字化」とは、われわれの思考の働きが徹底的に文字の存在に依存するようになっており、文字なしではわれわれの思考が少しも働かないようになってしまっていることをいう。

例えば、われわれが日常普段使っている話し言葉の何と多くが漢字の存在を前提に成り立っていることだろうか。文字が伝来する以前の純粋なやまと言葉だけで現代の言語生活を充足することなどは想像もできない。私がちょっとした会話の中で「キショウ」という言葉を発したとする。その場合、聞き手はこの「キショウ」が「起床」なのか「気象」なのか「気性」なのか「記章」なのか、あるいは「稀少」なのかを、通常は話の文脈を通して即座に判断し理解する。そして、私の方も聞き手が「キショウ」という音声を聞いて、それが実は「稀少」であることを即座に理解してくれることを暗黙の前提にして話をする。こうしてわれわれはお互いにそれぞれが頭の中で文字言語を自由に駆使できることを当然のこととして言説世界（world of discourse）に参入する。もちろん、相手が子どもであれば「キショウ」などという言葉は不用意には使えない。したがって、会話の内容はおのずと制限されてくる。しかし、だからこそ、われわれはこの子どもに対しても、「キショウ」という音声を聞いて、それを頭の中で即座にしかるべき文字に的確に変換する能力を身につけることを要求する。かくして、この子どもの精神もやがては文字化される。

こうした「精神の文字化」が識字、つまり文字の読み書き能力の成果であることは言うまでもない。言うまでもないことだけれども、しかし一定の説明は必要である。なぜなら、われわれは通常「識字」というものを

あまりにも単純に「文字の読み書きができること」（『広辞苑』第六版）といった程度にしか理解していないからである。ところが、識字は単にそれだけではすまない性質をもっている。

確かに、識字は即自的には文字を読み書きできる能力には違いない。だが、そうした能力をもつことが、実は文字の読み書きができることを暗黙の前提にして成り立っている社会的諸関係への参入の度合いを決定づけているという点に、識字の本来的な機能がある。つまり、「識字」とは一つの※ソシオロジカルな（＝※社会学上の）概念だということである。

しかも、文字の読み書きを暗黙の前提にして成り立っている社会的諸関係というのは、単に直接に文字媒体（例えば、新聞、雑誌、書籍、あるいは手紙や文書、広告、案内板など）を介して取り結ばれる間柄という狭い意味だけではない。さらに広い意味で、それは、文字がなければ本来は存在しないはずの特殊な言葉や表現、言い回し（つまりはフォーマルな文字言語表現）を自由に駆使しうる人びとの間で取り結ばれる言説空間全体を意味している。

（関西大学／小柳正司『リテラシーの地平――読み書き能力の教育哲学』による）

問題 「識字」というものについて、筆者はどのように述べているか。最も適当なものを選択肢から一つ選べ。

難易度 ★★★★☆

a 「識字」とは、単に技能の問題としてあるのではなく、文字の読み書き能力の成果である「精神の文字化」をいうものであり、文字の読み書きができることを暗黙の前提として成り立っている社会的諸関係に参入するためには、直接的な文字媒体を介するのではなく、われわれがお互いに頭の中で文字言語を自由に駆使できる必要がある。

b　「識字」とは、単なる文字の読み書き能力のことではなく、話し言葉の音声を聞いて、それを頭の中で即座にしかるべき文字に的確に変換する能力としての「精神の文字化」をいうものであり、文字がなければ本来は存在しないはずの特殊な言葉や表現、言い回しを自由に駆使しうる人びとの間で取り結ばれる言説空間全体を意味している。

c　「識字」とは、即自的には文字を読み書きできる能力をいうが、その本来的な機能は、文字の読み書きを暗黙の前提にして成り立っている社会的諸関係に参入することにあり、「識字」の問題は、直接的な文字媒体という狭い意味ではなく、文字がなければ本来は存在しないはずの特殊な言葉や表現、言い回しという広い意味で理解する必要がある。

d　「識字」は、これまで単に文字の読み書き能力として理解されてきたが、実は文字を読み書きできる能力によってもたらされる社会的諸関係への参入の度合いを決定づける一つのソシオロジカルな概念であり、人びとの間で取り結ばれる社会的関係の深さは、文字媒体をどれだけ自由に駆使しうるかにかかっている。

e　「識字」には、文字の読み書きができることを暗黙の前提として成り立っている社会的諸関係への参入の度合いを決定づけるという本来的な機能があり、その社会的諸関係とは、直接に文字媒体を介して取り結ばれる間柄だけでなく、フォーマルな文字言語表現を自由に駆使しうる人びとの間で取り結ばれる言説空間全体を意味している。

「精神の文字化」とは、われわれの思考の働きが徹底的に文字の存在に依存するようになっており、文字なしではわれわれの思考が少しも働かないようになってしまっていることをいう。

例えば、われわれが日常普段使っている話し言葉の何と多くが漢字の存在を前提に成り立っていることだろうか。文字が伝来する以前の純粋なやまと言葉だけで現代の言語生活を充足することなどは想像もできない。私がちょっとした会話の中で「キショウ」という言葉を発したとする。その場合、聞き手はこの「キショウ」が「起床」なのか「気象」なのか「気性」なのか「記章」なのか、あるいは「稀少」なのかを、通常は話の文脈を通して即座に判断し理解する。そして、私の方も聞き手が「キショウ」という音声を聞いて、それが実は「稀少」であることを即座に理解してくれることを暗黙の前提にして話をする。こうしてわれわれはお互いにそれぞれが頭の中で文字言語を自由に駆使できることを当然のこととして言説世界（world of discourse）に参入する。もちろん、相手が子どもであれば「キショウ」などという言葉は不用意には使えない。したがって、会話の内容はおのずと制限されてくる。しかし、だからこそ、われわれはこの子どもに対しても、「キショウ」という音声を聞いて、それを頭の中で即座にしかるべき文字に的確に変換する能力を身につけることを要求する。かくして、この子どもの精神もやがては文字化される。

こうした「精神の文字化」が識字、つまり文字の読み書き能力の成果であることは言うまでもない。言うまでもないことだけれども、しかし一定の説明は必要である。なぜなら、われわれは通常「識字」というものをあまりにも単純に「文字の読み書きができること」（『広辞苑』第六版）といった程度にしか理解していないからである。ところが、識字は単にそれだけではすまない性質をもっている。

確かに、識字は即自的には文字を読み書きできる能力には違いない。だが、そうした能力をもつことが、実は文字の読み書きができることを暗黙の前提にして成り立っている社会的諸関係への参入の度合いを決定づけているという点に、識字の本来的な機能がある。つまり、「識字」とは一つの※ソシオロジカルな（＝※社会学上の）概念だということである。

しかも、文字の読み書きを暗黙の前提にして成り立っている社会的諸関係というのは、単に直接に文字媒体（例えば、新聞、雑誌、書籍、あるいは手紙や文書、広告、案内板など）を介して取り結ばれる間柄という狭い意味だけではない。さらに広い意味で、それは、文字がなければ本来は存在しないはずの特殊な言葉や表現、言い回し（つまりはフォーマルな文字言語表現）を自由に駆使しうる人びとの間で取り結ばれる言説空間全体を意味している。

「線引きアイテム」は、だんだん使い慣れてきましたか？

さて、われわれは何かを考えるとき、頭の中で「文字」を使わないと思考は進まないし、会話も成り立ちません。こうした**「精神の文字化」**は**「識字」**、つまり、**文字の読み書き能力の賜物**なのですが……「識字」には、さらに重要な機能があるんですよね。では、次のページでまとめます。

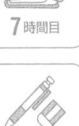

「識字」＝（たんに「文字の読み書き能力」というだけではなく……）
文字の読み書きができることを暗黙の前提にして成り立っている社会的諸関係への参入の度合いを決定づける点が、本来の機能である。

しかも、

社会的諸関係＝直接に文字媒体で取り結ばれる間柄（＝作者と読者の関係など）だけではなく、
フォーマルな文字言語表現を自由に駆使しうる人びとの間で取り結ばれる言説空間全体（＝日本の文化全体など）**を意味している。**

右の関係を上手にまとめている選択肢は、**e**となります。

aは、**「識字」**＝**「精神の文字化」**と説明しているので×。「識字」の〝成果〟が「精神の文字化」なのです。

また、**「文字媒体を介……頭の中で文字言語を自由に駆使できる」**が、あり得ない内容なので×。bはさらに、**「識字」**＝**「精神の文字化」**＝**「言説空間全体」**という乱暴な構成になっているので×。cは後半で、**「識字」**＝**「文字がなければ……特殊な言葉や表現、言い回し」**という、「社会的諸関係」の説明と混乱しているので×。dはラストの**「人びとの……社会的関係の深さは、文字媒体をどれだけ自由に駆使しうるかにかかっている」**がナシで×。さすが関西大学。なかなか、面倒くさい選択肢問題でございました……。

スゴ技！

「読むのが遅くて終わらない〜」というキミへ……！

①「速く読む」技術！ 「モジ黙読」から「カタマリ視読」へ

まずは「速読」の基本から。モ・ジ・を・ひ・と・つ・ず・つ・き・ち・ん・と認識し、それを黙読（＝頭の中で音読）するのではなく、「5〜10センチ幅」**のカタマリで捉え**、それを**できるだけ視読（＝目で見て直接認識）**するように意識してみましょう！

②「読まない」技術！ 「どうでもいい箇所」を大胆に飛ばす

「線引き」は、「重要な箇所」に線を引く作業であると同時に、「重要じゃない箇所」**を浮き彫りにする作業**だとも言えます。前者を急いで読むことよりも、**後者を大胆にぶっ飛ばす（＝読まない）判断力**が、読解の時間短縮には大変有効です！

「読解力マスター」へのカギは、**「知識力（重要語句）」**と**「技術力（線引き／ワーキングメモリ／カタマリ視読）」**と……そして最後は**「精神力（根性）」**です！「ぜったいに6分間で読み切ってやる!!」という意地が、希望の扉を開いてくれるはずです！

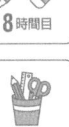

4 時間目 「3段メソッド」の封印を解け！

選択肢を制する者が、私大現代文を制する

どんなスポーツでも、上達するためにはまず**「正しいフォーム」を固めること**が大切です。暑い日でも、寒い日でも、緊張しているときでも、疲れがたまっているときでも、常に一定のフォームで――《①いつも同じ位置にトスを上げる→②いつも同じトロフィーポーズを決める→③いつも同じスイングでコンタクトする》――**同じサーブを〝再現〟できるテニスプレイヤーは強いのです。**そして「正しいフォーム」で打つことにおいて、**対戦相手が誰なのか**――小学生なのかジョコビッチなのかホッキョクグマなのか――**そこは一切関係ありません。**

選択肢問題攻略の「正しいフォーム」――それが**《3段メソッド》**です。

《①ズバリ法→②消去法→③比較法》＝《3段メソッド》は、**すべての大学入試のあらゆる「選択肢問題」に通用する、無敵の攻略法**です！ さらにこの方法論は「抜き出し問題」や「記述問題」へのアプローチとしても有効に機能します。まさに……

《3段メソッド》は設問攻略の根本原理なのです!!!

4時間目は、《3段メソッド》の基本的な使用法を学習していきます。そして、5時間目の実践トレーニングを通して、その定着を目指しましょう。

《3段メソッド》は、『共通テスト現代文のスゴ技』を読んでくれたみなさんには、すっかりお馴染《なじ》みのメソッドですよね。でももう一度……出合った頃の新鮮な気持ちで、取り組んでみてください!

選択肢問題攻略《3段メソッド》

①**ズバリ法**＝選択肢は見ず、**設問文と本文**だけでしっかり考えて正解を決めちゃう攻略法。

②**消去法**＝×の選択肢を**きちんと消去**し、最後に残ったものを正解と判断する攻略法。

③**比較法**＝迷っている二つの選択肢の**決定的な違い**を押さえ、正解を確定する攻略法。

選択肢問題攻略・3段メソッド①「ズバリ法」

最初に繰り出す最速の設問攻略法。まずは設問文をしっかり解析。そして、「**設問に対する答え**（＝ズバリの要素）」を本文から探し出し、それを含む正解の選択肢をズバリと選ぶ。要素を押さえるまで、**選択肢を先に見ないこと**が最大のポイント！

〈ズバリの要素いろいろ〉

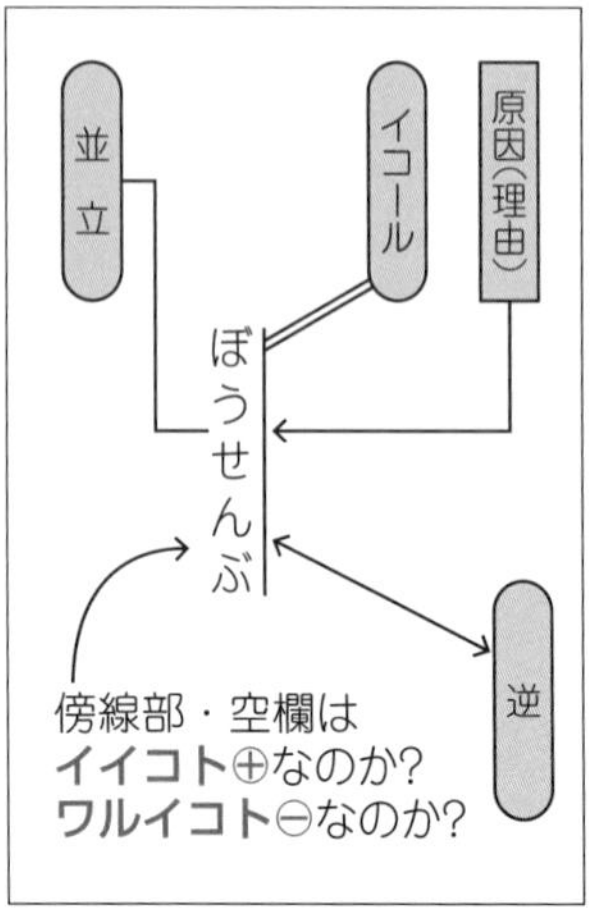

【1】「設問解析」始動

設問文をしっかり読み、この問題での自分の「**任務**《ミッション》**（＝何を問われているのか？ 何を探すのか？）**」を確認します。

メソッドの「**下準備**」にあたる作業といえますが、ここでの15秒間の頑張りが、最終的に1分間の時間短縮を実現するのです！

【2】「ズバリの要素」回収

「設問に対する答え・ヒント・根拠」＝**「ズバリの要素」**を本文から探し出します。

まずは傍線部・空欄の前後から。見つからなければ、線引きした箇所を頼りにして、徐々に捜索範囲を広げていきましょう。

【3】正解を「ズバリ」選択

押さえた**「ズバリの要素」を含んでいる選択肢（＝正解）**を「ズバリ！」と選びます。

ズバリ法の場合、選択肢は「ズバリの要素」の「アリ／ナシ」で、サクサク処理していけばOKです。

〈ズバリの要素回収〉

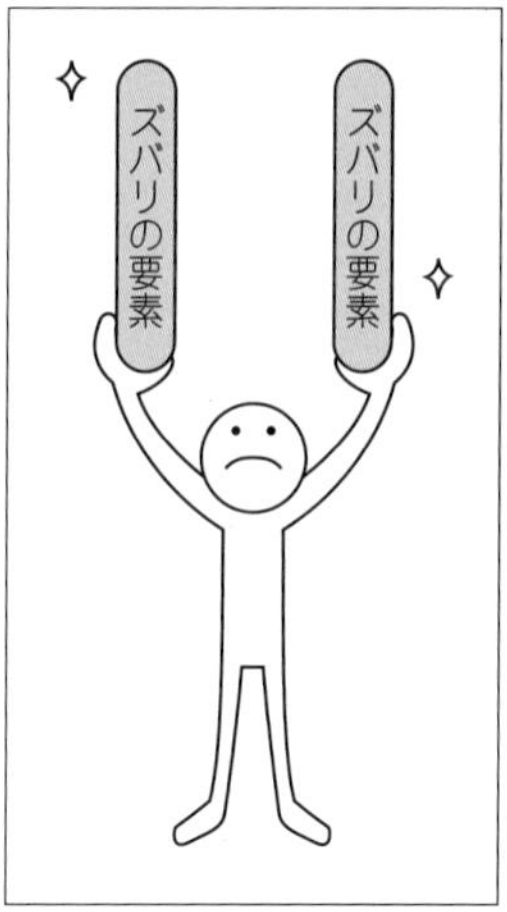

〈選択肢チェック〉

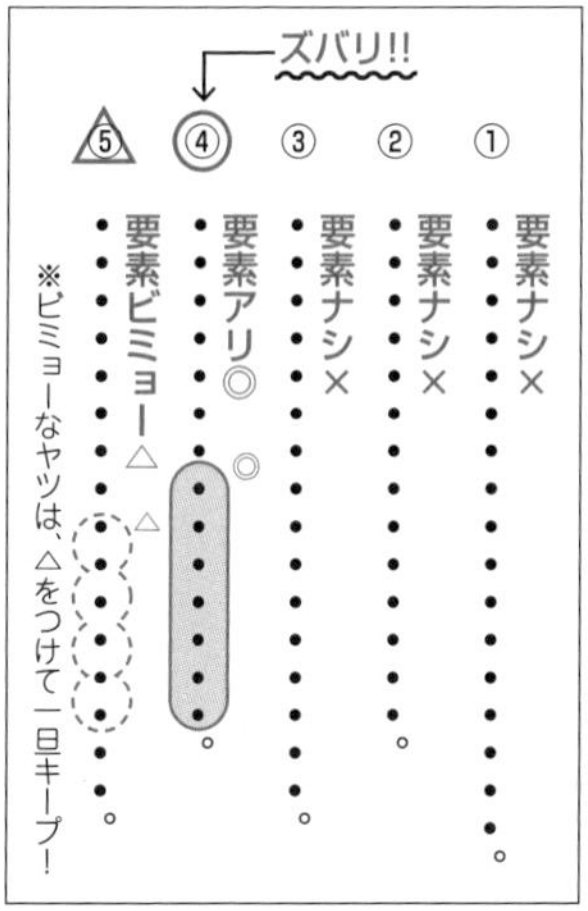

選択肢問題攻略・3段メソッド②「消去法」

最も安全確実な攻略法。選択肢を一つずつ消去していき、残ったものを正解と判断する！

〈選択肢チェック〉

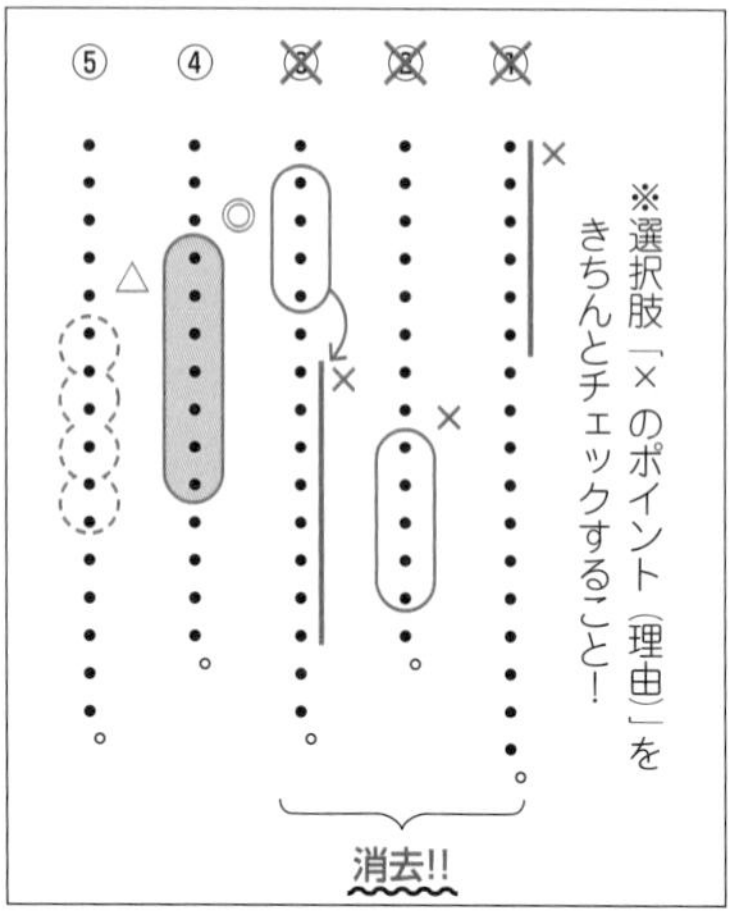

※選択肢「×のポイント（理由）」を
きちんとチェックすること！
①
②
③
④
⑤
消去!!

[1]「×ポイント」を指摘

「ズバリの要素＝正解」を基準に、×の選択肢の「**どこが・なぜ×なのか？**」を、**一つずつきちんと指摘**していきます。

[2]「○×△」でチェック

選択肢に「○」や「×」を明確につけていきましょう。なお、**現時点では「○」とも「×」判断できない場合**は、ポイントにしっかり「△」をつけるのです。この作業、超大事！

選択肢問題攻略・3段メソッド③「比較法」

最終&必殺の設問攻略法。最後に2つの選択肢で迷ったら、両者は**「どう違うのか?」**……すなわち、**両選択肢の決定的な「違い」**を見極める!

〈比較法使用の手順〉

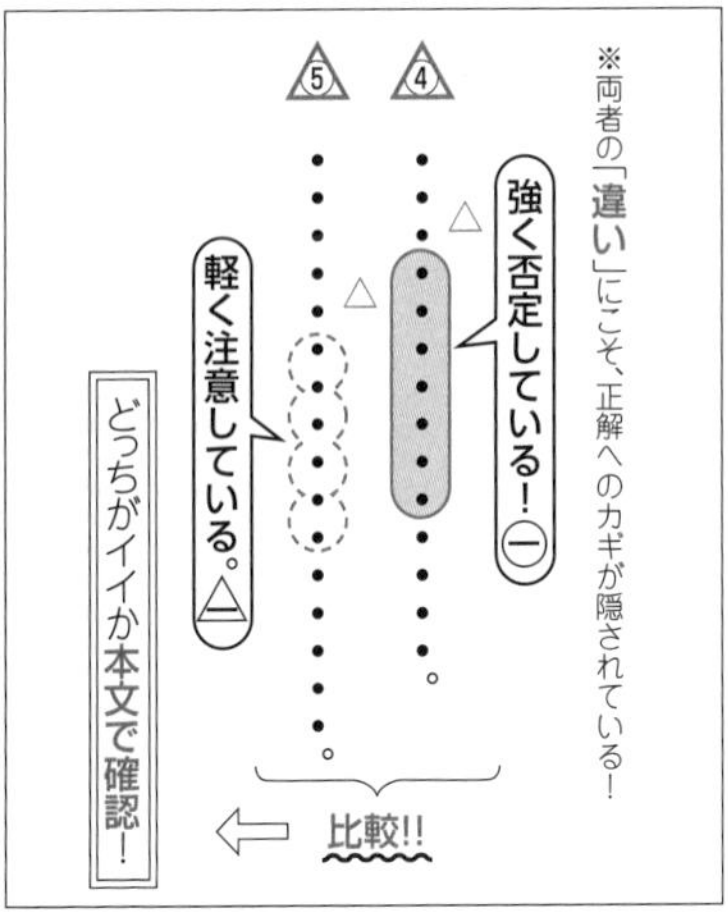

※両者の「違い」にこそ、正解へのカギが隠されている!
④
強く否定している!㊀
⑤
軽く注意している。㊀△
比較!!
どっちがイイか本文で確認!

[1]「決定的な違い」を指摘

選択肢全体を交互に見比べ、「どっちがイイか(あるいは、どっちがダメか)?」ではなく、「どう違うのか?」……**両者の決定的な違い(対照的なポイント)**を見抜きましょう!

[2]「本文」で最終確認

押さえた「違い」を、必ず**本文と照合**しましょう。頭だけで処理してはいけません。

スゴ技！ 攻めの《設問解析》で、電光石火！

《設問解析》とは、**ここでは「何を問われているのか？」「何を探すのか？」、自分の任務をきちんと確認する**……いわば《3段メソッド》の「下準備」にあたる作業です。

じつは、この作業をもっと積極的に、そして攻撃的に遂行することによって、「解く」次元が劇的に変わってくるのです。例えば、靴屋さんにブラ～っと入って「良さげなスニーカーがあったら、買っちゃおうかなあ～？」なんて考えている人と、「ナイキのランニングシューズ、エアズームペガサス38のイエローを買います！」なんて先にきちんと決めている人とじゃ、作業の〝質〟がぜんぜん違うの、わかりますよね？

《設問解析》がしっかりできているから、「ズバリの要素」を効率よく回収できるし、「ズバリの要素」をガッチリ押さえているから、「消去法」が手際よく進むのです！

「⓪設問解析→①ズバリ法→②消去法→③比較法」。いっそ「4段メソッド」の意識で設問に挑んでみてください！　スピードも正解率も爆上がりしますよ～！

それはペンの形をした、小さなプラスティックの棒である。けれども、「ペン」と呼ぶことはできるだろうか？ その先端には芯《しん》も、インクを染み出させる仕掛けもない。にもかかわらずそれは、ペンのように握られ動かされ、文字や数字が記録される。はたしてそれはペンなのだろうか？

いまわたしの眼《め》の前にあるのは、Palm Pilot と呼ばれるＰＤＡ（Personal Digital Assistant ＝個人用情報管理ツール）に付属している、電子的入力装置である。機械の本体はいわば電子化された手帳であり、この細い棒が、手帳についている小さな鉛筆といった格好である。この棒の先端を、入力エリアの上で動かすと、機械は運動による電界の変化を読み取って、それを文字や数字として解釈し、内部に取り込むのである。紙に書くことはできないけれど、機械の内部に直接「書く」ことができるのだ。

「書く」——それにしてもこの言い方は正しいのだろうか？ たしかに、情報操作は一般に「読み書き」の比喩《ひゆ》によって語られる。だが、データをハードディスクに「書き込む」という場合、それが比喩であることは明白である。「書く」といっても実際には、電磁気的な動作が行なわれているだけだからだ。だが一見本物のペンと同じように扱われるこの装置の場合はどうか？ わたしは「書いて」いるのだろうか？ それともこの場合も、「書く」とは比喩にすぎず、実は風変わりな方法で機械を操作しているだけなのだろうか？ そもそも「書く」とは、どういう行為なのだろうか？

このペン状の入力装置は「スタイラス（stylus）」と呼ばれている。それは鉛筆やペンで書くという、長い

間われわれが慣れ親しんできた動作を、コンピュータの入力方式としてうまく利用したものである。もちろんどんな筆跡でも読み取ってくれるわけではなく、今の段階では、機械に読み取り可能な決まった書き方を、人間の方で習得しなければならない。

このように言うと、なんだ、やっぱりデジタルは不便だ、手書きのほうがよっぽどいい、と思う人がいるかもしれない。けれども、書くことをめぐるデジタル／アナログのそうした違いとは表面的なものである。そもそも紙にペンで書くという行為を習得するためにも、人間は新たな道具の性質にみずからの身体を順応させなければならなかったはずである。一方、電子的な読み取りの効率は機械の能力の問題であり、そうしたツールが持ち主の筆跡まで学習するようになれば、イライラせずに入力できるようになるだろう。

ではデジタル／アナログとの違いとは、本当はどこにあるのか？　それはむしろ先ほどの疑問、つまりスタイラスを使ってわたしは本当に「書いて」いることになるのか？　という疑問にかかわっているように思われる。実用的な意味でならもちろん、「書いている」といって何の問題もない。記録を取り、後からそれを参照できるのだから、ペンで手帳に書こうが、スタイラスを使って機械に記録しようが同じである。

では、スタイラスを用いて「書く」と言うことに伴う奇妙な違和感は何だろうか？　実はこれこそが、「書く」とは何かという問いに触れているように思えるのである。この違和感は抽象的なものではなく、むしろ直接的な身体感覚、スタイラスで「書く」時の独特の感触にかかわるもののようだ。スタイラスで「書く」行為には、摩擦や抵抗が感じられないのである。しかもそれは、それが触れている物理的対象をなんら変化させない。スタイラスの先は入力パッドの上を滑っていくだけであり、その後には何の物質的痕跡《こんせき》も残らないのである。

(大学入試センター試験/吉岡洋『スタイルと情報』による)

問題 傍線部「『書く』——それにしてもこの言い方は正しいのだろうか」とあるが、ここで筆者はなぜ「書く」という言い方に疑問を感じているのか。その説明として最も適当なものを、次の①~⑤のうちから一つ選べ。

難易度 ★★★☆☆

① 機械ではどのような筆跡でも読み取れるわけではなく、決まった書き方が要求されるものだから。
② 「書く」という言い方は、ハードディスクに「書き込む」という言い方と同様の明らかな比喩であるから。
③ スタイラスはペンのように扱うのに、電子的な情報を機械の内部に記録しているものであるから。
④ スタイラスは外見も使用法もペンに似ているが、インクの出ないプラスティックの棒にすぎないから。
⑤ スタイラスはペンに似た筆記用具であるが、文字記号の読み取りを機械の能力にゆだねているから。

それでは、センター試験の「良問（名作！）」を使って、《3段メソッド》の効果的な使用法や注意点などを、ゆっくり説明していきます。

① ズバリ法

まずは**《設問解析》**からスタートです。

設問文をよ〜く読んで、今回は**「何を問われているのか？」「何を探すのか？」**、究極的には**「どんな答えになりそうか？」**――設問文だけで「正解」を当てちゃうぐらいの気合で挑みます！

……紙に書くことはできないけれど、**機械の内部に直接「書く」ことができる**のだ。

「書く」――それにしてもこの言い方は正しいのだろうか

↓《ここで筆者はなぜ**「書く」**という言い方に疑問を感じているのか？》

電子的入力装置（スタイラス）で「書く」ことは、**普通の「書く」**とは違うから！

↓では「スタイラス」の特徴を本文から探しましょう。

【スタイラス】＝
長い間われわれが慣れ親しんできた、**鉛筆やペンで「書く」という動作**を、**コンピュータの入力方式としてうまく利用したもの。**

↓《ここで筆者はなぜ**「書く」**という言い方に疑問を感じているのか？》

（スタイラスの場合）**動作は「書く」**だけど、**PCに入力しているだけ**だから！ ⇦

「これだと、単純に『書く』って言い方はできないよね？」と、筆者は疑問に思ったのです。《設問解析》でしっかり突き詰めれば、正解の③**「スタイラスはペンのように扱うのに、電子的な情報を機械の内部に記録しているものであるから。」**をズバリ秒殺で選べました！　設問文だけで答えを決めちゃう……【⓪設問解析→①ズバリ法】の流れを極めれば、解くスピードはめちゃくちゃ上がります！

② 消去法

ここに、さらに「消去法」をかぶせて、より完璧な正解を目指します。今回は、①と②と⑤を「消去」して、③と④を残す戦略でいってみましょう。

① 機械ではどのような筆跡でも読み取れるわけではなく、決まった書き方が要求されるものだから。

② 「書く」という言い方は、ハードディスクに「書き込む」という言い方と同様の明らかな比喩であるから。

⑤ スタイラスはペンに似た筆記用具であるが、文字記号の読み取りを機械の能力にゆだねているから。

①は、「決まった書き方が要求されるものだから」が×。機械が要求する**「決まった書き方（＝デジタル）」と「手書き（＝アナログ）」の違いは、たんに「表面的なもの」**、つまりたいした問題ではなく、機械のスペックが上がれば解決可能だと書かれています。

②は、「ハードディスク……同様の」という説明が×。筆者は、「ハードディスク」に対してはなんの疑問も抱いておらず、「スタイラス」とは別次元です。そもそも「明らかな比喩（＝たんなるたとえ）」だったら、わざわざ疑問を持つ必要はありません。

⑤は「筆記用具」が×。「電子的入力装置」ですからね。もし筆記用具であれば、「書く」と言って問題ないわけです。また「読み取り」も、「書く」とは逆なので×。

③ 比較法

では最後に③と④、ついでに、③と⑤でも「比較法」を練習してみましょう。

◎③ ペンのように**扱う**のに……機械の内部に**記録している**ものであるから。

＝「動作（書く）」に注目している！ ◎

△④ 外見も使用法も**ペン**に似ているが……**プラスティックの棒**にすぎないから。

＝「物体（ペン）」に注目している！ ×

◎③ ……電子的な情報を機械の内部に**記録している**ものであるから。

＝「記録する」≒「書く」！ ◎

△⑤ ……文字記号の**読み取り**を機械の能力にゆだねているから。

＝「読み取る」≠「書く」！ ×

あくまでも**「書く」という言い方に対する疑問**ですから、③が正解となります。なお、「え？ これって……ペン？」という疑問だったら……④が正解だったかもしれませんね。

⓪まずはしっかり「**設問解析**」。①そして「**ズバリ法**」で速攻をかける。②念のために「**消去法**」で確実に処理。③それでも困ったときは最終兵器「**比較法**」。これで解けない選択肢問題は存在しません！

決定版！ 選択肢×パターン集!!

最後は「消去法」のスーパーテクニック「選択肢×パターン集」の紹介です。こんなの知らなくても問題はフツーに解けるのですが……知っていれば、**選択肢を処理する「速度」と「精度」は確実に上がります！** しっかり読み込んで習得を目指しましょう。

【0】正解例

次の内容を正解の基準として、以下のパターンを検証していきます。

◎ **大阪には、阪神ファンが多い。**

【1】タンコブ型 【頻出度★★★★★／難易度★★】

本文には書かれていない「余分な情報（＝タンコブ）」がくっついているため、×になるタイプ。

なお、共通テストでは圧倒的に頻出度の高いパターンです。

× **大阪と×奈良には、阪神ファンが多い。** ※「タンコブ」＝〝余分な出っ張り〟のイメージ

× **大阪には、阪神と×なにわ男子のファンが多い。**

【2】断定型 【頻出度★★★★／難易度★★】

内容を100％で「断定（全否定）」しているため、×になるタイプ。

× 大阪人は、全員阪神ファンである。 ※一人でも例外がいれば×になる

× 大阪以外に阪神ファンは一人もいない。 ※全否定しているから×

× 大阪に阪神ファンが多いのは、普遍的真理だ。 ※断定的な意味の語句に注意

【3】限定型 【頻出度★★★★／難易度★★】

内容を一部分だけに「限定」しているため、×になるタイプ。

× 大阪だけ、阪神ファンが多い。 ※「だけ・のみ・しか」があれば、まずは疑おう

× 大阪には、阪神のみを応援する人が多い。

× 大阪には、佐藤輝明選手のファンが多い。 ※「だけ」などを使わない限定型に注意

【4】前提・条件型 【頻出度★★★★／難易度★★★★】

「前提」や「条件」が間違っている（不要である）ため、×になるタイプ。

× 大阪は、季節風の影響で、阪神ファンが多い。 ※「前提」の部分が余分

【5】比較型 【頻出度★★★／難易度★★】

余計な「比較」関係が組み込まれているため、×になるタイプ。

× **大阪は、アニオタよりも阪神ファンのほうが多い。** ※「よりも～のほうが」があれば注意

【6】逆転型 【頻出度★★／難易度★★★★】

原因／結果など、要素の関係が「逆転」しているため、×になるタイプ。

× **阪神には、大阪ファンが多い。** ※難しい内容同士が逆転すると気づきにくいので要注意

【7】ペア違い型 【頻出度★★★／難易度★★★】

キーワードの「ペア」が、答えるべき内容と合わないため、×になるタイプ。

× **名古屋には、中日ファンが多い。** ※「並立関係」で捉えたほうが消去しやすいケース

【8】中身ナシ型 【頻出度★／難易度★★★★★】

本文の内容と矛盾はしない（×とは言えない）が、解答の核心（ズバリの要素）に届いておらず、

「中身がない」ので×（or△）と判断するタイプ。難易度最強。

× 大阪には、東京とは違う価値観がある。 ※どう違うのか、中身に触れられていない

× 大阪には、巨人ファンが少ない。 ※だからって「阪神ファンが多い」とは限らない

【9】名言型 【頻出度★★／難易度★】

一見、「正しいこと・立派なこと（＝名言）」が書かれていると、ついつい引き寄せられがちです。

心の優しい人ほど引っかかりやすいみたいだから、気をつけようね。

× 阪神は、これからもファンと共に歩んでいく。 ※冷静に考えるとフツーに×です

【番外】大は小を兼ねる！ 【頻出度★★★／難易度★★】

同じ方向性の選択肢で、内容に大小関係がある場合、他を包含する「大きいヤツ」が正解になる確率が高い、というパターン。

△① 大阪では、大気汚染が進んでいる。 ※④の中に含まれている（小）

△② 大阪では、水質汚染が進んでいる。 ※④の中に含まれている（小）

△③ 大阪では、土壌汚染が進んでいる。 ※④の中に含まれている（小）

◎④ 大阪では、環境汚染が進んでいる。 ※他の要素を含んでいる（大）

5
時間目

「選択肢問題」をメソッドで粉砕！

「第1ボス」襲来！ メソッドで迎撃準備！

前回学んだ《3段メソッド》を使って、入試問題を解いてみましょう。念のために言っときますけど、今までどおりの《自分メソッド》で解いたら、全然意味ありませんからね！

【ミッション10】「接続語（副詞系）」を攻略せよ！
【ミッション11】「ズバリ法」を中心に、空欄補充問題を攻略せよ！
【ミッション12】「ズバリ法」＋「消去法」で、傍線部問題を攻略せよ！
【ミッション13】「3段メソッド」で、傍線部問題を完全攻略せよ！

各設問で、それぞれテーマを設定しましたので、ちょっと意識しながら解いてみてください。それでは「第1ボス（東洋大学・改）」との戦い！ 制限時間は15分！

用意…………はじめ！

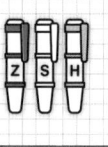

次の文章を読んで、後の問に答えよ。

民家の窓辺や軒下に花を置く習わしは、ヨーロッパでは広く行きわたっていて、ときには半ば法的強制力さえ持つが、こうした風景に接すると、何かしら、挨拶を受けたように感じられる。わが国でも、門前の路地を掃き清めたり水を打ったりする風習は、これに相当するのであろう。[あ]この慣習はしだいに消えつつあるが、正月に門松を飾る風習にその名残が見られる。

都市の風景という課題のなかでは瑣末《さまつ》なことのように見えるかもしれないが、都市風景の基本に「挨拶」という性格を確認することは、重要なことであると思う。民家の飾りつけは、そうした〔　ア　〕精神のいわば雛型《ひながた》であって、城の天守閣などはさしずめよそ者へ向けた町ぐるみの挨拶の風景であり、町の顔である。汽車の窓辺から、町の名とともにある城の天守閣が、林立していくビルかげにうすれてゆくのを見るのは、さみしい。人間どうしの付き合いで人を最後に動かすのは相手の顔の表情である。

不特定多数の道行く人々に積極的に語りかけねばならない商家の場合には、挨拶の必要がことさら大きく、看板が発達するのも当然である。

伝統的社会において使用されていた看板には、商品の姿が巧みに象《かたど》られていたりする。[い]看板に能書家の揮毫《きごう》を求めることもよくおこなわれた。越後の良寛が酒代かわりに看板書きをしたことはよく知られている。能書家で篆刻《てんこく》の名人でもあった北大路魯山人《きたおおじろさんじん》も、看板書きがふり出しで、このような実用的な書のほうが、個人の芸術的書よりも美しいという考えを持っていた。柳宗悦《やなぎむねよし》もまたそうであった。この思想は生活景を美しくしようとするXわたしたちに一筋の光明を与えてくれる。

　商店看板の祖型は単なる情報板というよりも、一定の型式を備えた人間的な身振りの優雅さをもっていた。それは優雅な挨拶といってもよいものであった。勝手気ままな看板の氾濫《はんらん》は、喧騒《けんそう》と自己主張の横溢《おういつ》でしかない。およそ、勝手に挨拶の流儀を発明するというようなことは、人の世では考えられないわけで、これはA都市風景でも同じことなのである。

　商業看板や店構えは、挨拶としての節度を大切にするとともに一定の様式的約束の枠をはめられてこそ［　イ　］な性格が与えられ、都市風景のなかにあやうげなくおさまる。関係者がみな一定の約束に従っている姿自体が一つの都市的風景をつくる、という点に注意する必要があろうと思う。

　生活様式の複雑化にともない、都市にはさまざまな管理施設が欠かせないが、これがまた、風景上見過ごしにできない問題をはらんでいる。［う］、立ち入り防止や安全管理の施設が最も目につきやすい。

　まず第一にあげられるのは、民家の塀であろう。塀や門には、人の巣の風景に特有の奥ゆかしい含みが凝縮されている。邸宅の縁辺をとりまく、［え］瑣末な構築物の造形に、有名無名の日本人が注いできた莫大《ばくだい》な精神的エネルギーを考えてみるとよい。塀とは、立ち入りの謝絶という意味をはるかに超えた象徴的価値を担っていたはずである。これを単に立ち入りを防止する物理的障害物と早合点したとき、住宅地の風景は急激に崩壊し始めたのである。

　立ち入りを謝絶するということには、挨拶の含みが内在している。柵や塀のような構築物を粗末にあしらうと、無愛想の感を禁じえないのは、こうした理由によるものと思われる。

歩道と車道の境界におかれるガードレールなども B同様のニュアンスをもっている。ガードレールは、元来、自動車専用道路で使われる道具で、広々とした空間を高速で移動する視点から見るかぎりは、むだのない簡潔な形をしているが、歩行者の空間とはとり合わせがわるくなり、［ お ］、無神経で無愛想な代物に変容してしまう。ガードレールは、施工精度もあまり高いものではなく、衝突のさいに変形することを前提にしているから、管理がわるいと、じつにがさつなありさまになってしまう。ガードレールは、流れるような連続的な形に特徴があるはずだが、都市内では民家への頻繁な出入口のために寸断されることになり、しかもその末端の景観的処理に困難があって、それがいたる所に現われると、始末のしようがなくなる。建築物の単位が小さいために出入口の数も多くなるわけで、ガードレールのある街路は、じつに日本の都市の苦渋をまのあたりに見る思いである。急激なモータリゼーションと歩道の狭さとが、こういう苦しい解決方法を余儀なくさせる原因になっているが、各国とも、じつにさまざまな都市造形上の工夫を注いでいるのである。照明柱なども、自動車道路用のものとまったく同じ形が歩道へ不用意にもちこまれている例が多いが、歩道の寸法と人体の表情にふさわしいデザインが必要と思う。

［ か ］人間が使う道具は、とり合わせと場所と時機を得ることが肝要である。床飾りの花や軸物、服装、家具、食器などの生活の道具は、とり合わせと歳時記的約束事によって、「物」によることばの体系をつくってきた。都市の美的体験には、暗々裏に結ばれたこの約束の感覚がひそんでいる。この約束が守られている生活景には、唐突で人を驚かしたり不安におとしいれるようなところがない。何かあたりまえで安心しきっていられるような、紋切り型といってもよいような、寡黙な道具立てが、ただそろっているだけである。それが

c生活景の美しさの基本である。都市風景の混乱は、この沈黙の禁が侵されているという感覚に通じている。

看板に多用されている赤や黄色などは、特別の社会的信号のために留保しておくべきではなかったか。あるいは、街路樹の種類は、様式上もある約束をふくむものではなかったであろうか。新しい都市生活の間尺に合った秩序を発見し、積み重ねて、永続的な型と約束にまで高める努力が、どうしても必要であろう。広範な合意を求めていく機は熟しつつあるように感じられる。

（東洋大学（改）／中村良夫『風景学入門』による）

【ミッション10】「接続語（副詞系）」を攻略せよ！

問1 空欄［あ］～［か］にあてはまる語を、それぞれ次の中から選べ。

難易度 ★☆☆☆☆

① なかでも　② およそ　③ いまでは
④ あるいは　⑤ いわば　⑥ たちまち

【ミッション11】「ズバリ法」を中心に、空欄補充問題を攻略せよ！

問2 空欄［ア］［イ］に入る適切な語を、それぞれ次の中から選べ。

難易度 ★★★☆☆

ア　① 古典的　② 都市的　③ 瑣末的　④ 装飾的　⑤ 儀礼的

イ　① 公的　② 私的　③ 固定的　④ 流動的　⑤ 営利的

【ミッション12】「ズバリ法」＋「消去法」で、傍線部問題を攻略せよ！

問3 傍線部A「都市風景でも同じことなのである」とは、どういうことか。次の中から適切なものを一つ選べ。

難易度 ★★☆☆☆

① 都市に氾濫する看板に、独創的なものなどはないということ。

② 都市の風景を変えることは、容易ではないということ。

③ 都市の風景には、伝統的な秩序がひそんでいるということ。

④ 都市の風景で大切なのは、優雅な趣であるということ。

⑤ 新たな流儀を生み出すためには、長い時間を要するということ。

問4 傍線部B「同様のニュアンスをもっている」とは、どういう点においてか。次の中から適切なものを一つ選べ。

難易度 ★★★☆☆

① そのもの本来の性格を見失った結果、景観上の問題が生じた点。
② 管理の悪さから、無愛想なものへとそのものの性格が変わった点。
③ 都市の造形上の工夫不足によって、そのものの価値が半減した点。
④ 傾けられてきた情熱が忘れられた結果、造形上の意味が見失われた点。
⑤ そのものが持つ象徴的価値が容易には気づかれない点。

問5 傍線部C「生活景の美しさの基本」には、どのような事柄が該当するか。次の中から適切なものを一つ選べ。

難易度 ★☆☆☆☆

① 古来の景観が、手を加えることなく保存されていなければならない。
② 風習が守られると同時に、季節ごとの美しさが感じられなければならない。
③ 道徳上、「挨拶」や「約束」が町ぐるみで大切にされていなければならない。
④ 生活様式の伝統が了解され、現在の景観に生かされていなければならない。
⑤ 構築物には、景観美として画一的な様式性がなければならない。

【ミッション13】「3段メソッド」で、傍線部問題を完全攻略せよ！

問6　二重傍線部X「わたしたちに一筋の光明を与えてくれる」とは、どういう理由からか。次の中から適切なものを一つ選べ。

難易度 ★★★★★

① 実用的な書の美しさが見直されてから、次第に生活景の美しさが志向されるようになったから。
② 生活景を美しくする行為は、良寛など先人の思想に支えられる面が大きいから。
③ 景観にひそむ芸術的な美を否定することによって、生活景はより美しくなるから。
④ 庶民の日常生活に寄り添ってこそ、美の本質に迫ることができると言えるから。
⑤ 生活景を美しくするには、生活で用いられてきた実用的なものの価値を再確認する必要があるから。

正解 問1 あ③ い④ う① え⑤ お⑥ か②

問1 いわゆる「接続詞」ではなく、「副詞」を識別する問題でした。**「副詞」**は、**直後とのつながり方**（呼応関係など）がポイントとなります。A［　］Bだと、Bの中にある**「小さなひらがな（助詞など）」**がカギを握る場合が多いので、見落とさないように注意してください。

空欄あ

［あ］この慣習はしだいに消えつつあるが、……

「しだいに消えつつある」という時間的な表現との関連で、③**「いまでは」**が正解。

空欄い

［い］看板に能書家の揮毫《きごう》を求めることもよくおこなわれた。

「も」があるので、前後は並立関係です。よって、④**「あるいは（選択）」**が正解。

ちなみに「能書家《のうしょか》」とは、高名な書道家。「揮毫」は、《「揮」＝ふるう／「毫」＝筆》毛筆で文字や絵をかくこと。

とくに、知名人が頼まれて書をかくことの意。

空欄う

[う]……最も目につきやすい。

「最も～」ですから、①「**なかでも**」でOK。

空欄え

邸宅の縁辺をとりまく、[え]瑣末な構築物の造形に、……

⑤「**いわば**」は、「いうなれば」「いってみれば」という、例える場合などで使う表現です。

空欄お

[お]、無神経で無愛想な代物に変容してしまう。

「変容してしまう」との相性で、⑥「**たちまち**」とわかります。

空欄か

[か]人間が使う道具は、……

②「**およそ（凡そ）**」は、「そもそも。総じて。一般に。」という用法です。

問2 空欄ア

都市風景の基本に「挨拶」という性格を確認することは、重要なことである……

民家の飾りつけは、**そうした［　ア　］精神**のいわば雛型《ひながた》であって、……

空欄アの直前に「そうした」という指示語がありますから、1行前の「**都市風景の基本……確認すること**」がズバリの要素になると判断できます。面白いのはここからです。「雛型」とは、「実物を小さくかたどって作ったもの。模型。」……こういう知識力が大事なんです！　あるいは「鳥のヒナ＋型」＝《小さい型！》な～んて柔軟に粘れるかどうか。

民家の飾りつけ＝**［　ア　］精神**の**雛型（小さな模型）**

つまり空欄アには、「民家の飾りつけ」よりも物理的に大きな内容が入るのです。したがって正解は、②「**都市的**」となります。

「古典的」や「儀礼的」を選んだ人もいると思いますが、ここでは、「都市全体」の挨拶精神を、「各民家」も実施しているという、大小関係がポイントでした。

空欄イ

(a) 一定の様式的約束の枠をはめられてこそ［ イ ］な性格が与えられ、都市風景のなかにあやうげなくおさまる。

(b) 関係者がみな一定の約束に従っている姿自体が一つの都市的風景をつくる、という点に注意する必要があろうと思う。

ⓐとⓑの二つの文は、ほぼ同じ内容・同じ構造になっています。したがって、空欄イの部分は、**「みんなで、一つの都市風景をつくろう」**という方向で、①**「公的」**が正解。たとえば、全員がビシッと同じ制服を着ることで、「私たちは、○○高等学校の生徒である！」という集団的な結束力（≒「公的」な性格）が強まる、といった状況に近いんじゃないでしょうか？

②「私的」や、⑤「営利的」は、個人的な方向性の言葉なので×。「枠をはめられる」という言葉から、③「固定的」を選んだ人は多いと思いますが、そもそも「固定的な性格（？）」なんて言葉には意味がないし、都市風景におさまる理由として成立しませんので×。④「流動的」だと、都市風景のなかに危うげなく収まらないはず。

選択肢を見ずに、設問文と本文だけで答えを〝ズバリ！〟と決める。**「ズバリ法」**は、**選択肢問題攻略の基本中の基本**ですから、ぜひとも積極的に習得を目指してください。

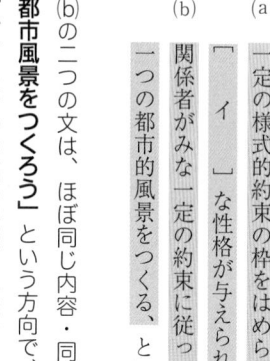

問3

およそ、**勝手に挨拶の流儀を発明するというようなことは**、人の世では**考えられない**わけで、

これはA**都市風景でも同じこと**なのである。

「人の世」では、「勝手に挨拶の流儀を発明することは、考えられない」、すなわち**「挨拶には決まったルールがある」**ということですね。例えば、手のひらを「パー」にして左右に振るのが、一般的な「バイバイ」の流儀です。指で「キツネ」を作って、ゆっくり反時計回りで回すのが「オレ流のバイバイ」って言われたって……怖いだけです。絶対に流行《はや》らんでしょ、それ。

①は「独創的なものなどはない」が、断定で×。世界に1コぐらいは、あるかもよ？ ②はそもそも「都市の風景を変えることは」という、主語が×。③はまさに「都市の挨拶には、決まった秩序（ルール）がある」という内容。これが正解。④はちょっと惜しいけど、都市の風景で大切にしているポイントを、「優雅な趣」に限定しているから×。京都や金沢ならまだしも……六本木にも道頓堀にもラスベガスにも、「優雅な趣」を求められたら、さすがにちょっとしんどいね。⑤は「新たな流儀を生み出すためには」という、前提が×。

問4 「塀」と「ガードレール」の共通点（同様のニュアンス）を押さえる問題です。

塀 ＝立ち入りの謝絶という意味をはるかに超えた象徴的価値……すなわち、**「挨拶」の含みが内在している！**

↓単に立ち入りを防止する物理的障害物と早合点したとき、**住宅地の風景は急激に崩壊し始めた**のである。

また、粗末にあしらうと、**無愛想の感を禁じえない**。

ガードレール ＝流れるような連続的な形に特徴があり、**広々とした空間を高速で移動する視点から見るかぎりは、むだのない簡潔な形をしている！**

↓歩行者の空間とはとり合わせがわるく、**無神経で無愛想な代物に変容してしまう**。また、**管理がわるいと、じつにがさつなありさまになってしまう**。

共通点は、「無愛想」？　そうなんです、**「そのもの本来の性格を見失った結果、景観上の問題が生じた（＝見た目が無愛想になった）**点。」という、まさに①が完璧な正解。

②の「管理の悪さから……」、③の「都市の造形上の工夫不足」は、ともにガードレールの問題だから×。④の「傾けられてきた情熱」って。……ガードレールに（笑）!?　⑤の「象徴的価値が容易には気づかれない」ですが、こっちは塀に限定で×。

問5

およそ人間が使う道具は、**とり合わせと場所と時機を得ることが肝要**である。

都市の美的体験には、暗々裏に結ばれたこの約束の感覚がひそんでいる。

それがc生活景の美しさの基本である。

「生活景の美しさの基本」には、組み合わせや使う場所、時機に関して、密かに結ばれた「約束」の感覚があって、そのルールが破られてしまうと都市風景は混乱してしまう、という内容です。では、選択肢をとことん《消去法》していきましょう。

①は「古来の景観が、手を加えることなく」が、断定で×。え、縄文時代から？　なんならジュラ紀から？　手を加えず保存は不可能です。②は「季節ごとの美しさ」がちょっとズレているので×。春のガードレールは、淡いパステルカラー？　……ってそういうことではなく、とり合わせと時機など、「約束事」を守ることが大切なのです。③は「道徳上」が×で終了。これじゃ普通に「こんにちは！」の挨拶キャンペーンですね。④は「生活様式の伝統……生かされていなければならない」ということで完璧◎！　⑤は「画一的な様式性」が×。「画一的」は、何もかも一様にそろっていて個性や特徴がないさま（二）。京都も秋葉原もリオデジャネイロも、同じパターンの様式性を目指したりしません。

ミッション 13 解答

正解　問6　⑤

問6　能書家で篆刻《てんこく》の名人でもあった北大路《きたおおじ》魯山人《ろさんじん》も、看板書きがふり出しで、このような**実用的な書のほう**が、**個人の芸術的書よりも美しいという考え**を持っていた。柳宗悦《やなぎむねよし》もまたそうであった。

↓この思想は生活景を美しくしようとするx わたしたちに一筋の光明を与えてくれる。

実用的な書（美）＞芸術的な書（美）

一筋の光明

↓

「生活景」を美しくしたい！（筆者）

第1ボス、最後の問題は、《3段メソッド》総動員で攻略しましょう！

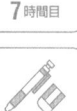

《ズバリ法》

「実用的な書」のほうが、個人の「芸術的書」よりも美しい！ という北大路魯山人たちの思想が、**「わたしたちに一筋の光明を与えてくれる」とは、どういう理由からか。**

「芸術的な書」……では、ちょっとイメージが湧きにくいので、「芸術的な美」「実用的な美」という表現に置き換えて説明していきますね。

公園に『モナリザ』とか『ゲルニカ』とか『風神雷神図屏風』とか、いかにもな「芸術作品」を敷き詰めたって、生活の景色が美しくなるとは思えません。

みなさんが普段から使っている**「実用的なもの」**――筆記用具・お茶碗・テーブル・カーテン・玄関・公園**――これら一つひとつの美しさの延長線上に、「生活景の美しさ」が成立する**のです。だから、筆者は魯山人の言葉に「一筋の光明」を見たのでしょう。

《消去法》

①⑤を残し、②③④を消去していきます。

②ですが……キミは良寛様の思想に支えられて、掃除をしているわけではないよね？　先人の思想や行動が、筆者に「一筋の光明」を与えてくれている、という内容です。

③は「芸術的な美を否定する」が断定で×。「モナリザ」を燃やしちゃいけません！

④は「美の本質に迫る」ことが、筆者の目標ではないので×。

《比較法》

では最後に、①⑤で《比較法》です。両選択肢の決定的な違いはどこだ？

△①　**実用的な書の美しさが見直されてから、**

次第に**生活景の美しさが志向されるようになった**から。

↓美しくなる方向へ、すでに進み始めている！（完了形？）

◎⑤　**生活景を美しくするには、**

生活で用いられてきた**実用的なものの価値を再確認する必要がある**から。

↓美しくするための……まだ確認段階？（未然形？）

「一筋の光明」……つまりまだ、細〜い希望の段階なのです。したがって正解は、⑤となります。《3段メソッド》の使い方は、理解できましたか？［①ズバリ法→②消去法→③比較法］、本書ではこれ以降も、このメソッドを軸として解説を進めていきます。

6
時間目

「傍線部問題」をぶった斬れ!

「傍線部問題!」なんて一言でまとめたって、いろ～～んな種類の問題が果てしなくありそうだな～～、と思って調べてみたら、案外そうでもなかったです。

《1》イコール系問題（約60％）

「傍線部A……とあるが、それは**どういうことか**？　説明せよ。」

《2》なぜ系問題（約20％）

「傍線部B……とあるが、それは**なぜか**？　理由を説明せよ。」

《3》その他いろいろ（約20％）

「傍線部C……とあるが、その**結果**どのような変化が生じたのか。」
「傍線部D……とあるが、筆者は何を**前提**として論じているのか。」

第1位はダントツで**「イコール系問題」**。なんと、傍線部問題の60%がこのパターン！　第2位が**「なぜ系問題」**で20%。残りの20%は、さすがに**「その他いろいろ」**でした。

ん？　でもちょっと待って？　……現代文の、**「イコール系問題」**？

「傍線部の英文を、日本語に訳せ」なら、わかるよ？「傍線部の古文を、現代語に訳せ」なら、わかるよ？

「傍線部の日本語（現代語）を、日本語で説明せよ」……？

《アナタ〜、にほんごのいみ、わかりますか〜〜〜？》ですって！　失礼しちゃう！

ワタシこう見えて日本語ペラペラなんですけど〜〜!!

「イコール系問題」が成立するということは、その傍線部が**「わかりにくい内容」**だということです。

……わかりやすい内容だったら、そもそも問題なんて作れないでしょ？

「私はカレーが好きです」とあるが、どういうことか説明せよ。

……いやいやいや（笑）。何も疑問はないし、何も追加で説明することはない。

「その結果、経済界のカレー化が加速した」とあるが、どういうことか説明せよ。

「空洞化したカレーが新たな局面を迎えた」とあるが、どういうことか説明せよ。

……いやいやいやいやいや（笑）。「は？」ってなるでしょ？　「イコール系問題」では、このような**「難しい・読みにくい・わかりにくい」箇所が傍線部に設定される**のです。どうりで難しいわけだわ。

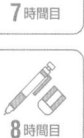

傍線部「イコール系問題」攻略①

傍線部の「どこがわかりにくいのか？」すなわち、説明しなきゃいけないポイントを確認しよう！

（a）傍線部中に**「難しい語句や表現（現代文重要単語・比喩的表現・カタカナ語等）」**があれば、**《知識問題》**だという意識で解きましょう。その語句や表現の〝意味〟が、解答の重要なポイントになります！

（b）傍線部中に**「指示語」**があれば、**《指示語問題》**だという意識で解きましょう。それが指し示す内容が、解答の重要なポイントになります！

「イコール系問題」の傍線部は、本文の中でも、ちょっと「わかりにくい」箇所に引かれます。どこがわかりにくいのか？　何を説明しなきゃいけないのか？《設問解析》の段階で冷静に判断してください。ではまず短めの **ミッション14** から。

ミッション 14

次の文章を読んで、後の問に答えよ。

制限時間 2分

だが、なぜ書店なのか？（中略）書店店頭で多くの本たちと対面しなくてはならないのは、人は自らの欲望のごく一部しか言語化できていないからだ。〈未来の自分〉は、まだその大部分がぼやけているからである。「書店で思いがけず読みたかった本に出会った」と、よく言われる。書棚に並ぶ本たちによって言語化されていなかった欲望が言語化され、目指すべき〈未来の自分〉への道を辿りたいという思いが、そこに芽生えるのである。そうした体験を、ある人は「本と目が合った」と言う。多くの人はその時、自分がその本を発見したと思っているが、実はその本がその人を見つけ出したのである。われわれが本を選んだのではなく、本がわれわれを選んだのである。

（立命館大学（改）／福嶋聡の文による）

問題 傍線部「本と目が合った」とあるが、その説明として、最も適当なものを次のなかから選べ。

難易度 ★★☆☆☆

1 未来の自分が、現在の自分に本を買わせるよう仕向けた。
2 書棚に並ぶ本により自分の志向を意識することができた。
3 書店の本が、それを読むべき人間を選別し合図を送った。
4 今後自分に訪れる失敗とその対処を学べる本に出会えた。
5 書店店頭にあった本が、自分の新しい欲望を作り出した。

わざわざ「書店」へ足を運ぶことの有用性を説く文章。傍線部「本と目が合った」は、明らかに比喩表現ですね。これを明確にすることが、この設問の本質です。

書棚に並ぶ本たちによって**言語化されていなかった欲望が言語化され、目指すべき〈未来の自分〉への道を辿りたいという思いが、そこに芽生える**

＝「本と目が合った」（という体験）

ハッキリと言語化していなかった、いわば**潜在的な自分の欲望**――例えば「ヨーロッパの古城を巡ってみたい」とか――に、**書店の「本と目が合った」ことで気づかされるという体験**です。「自分の志向を意識することができた」という、**2**が正解でした。

1は…タイムマシーンですか？　現在の自分が、未来に目指すべき自分を想定するという内容なので×。3は…本の妖怪ですか？　文末に「本がわれわれを選んだ」とありますが、これも自分の潜在的な「欲望」に気づかされる体験の比喩なので×。4は、「失敗」と「対処」に限定しているので×。5は「新しい欲望」が×。自分の中にもともとあって、気づいていなかった「欲望」なのです。

傍線部「イコール系問題」攻略❷

傍線部が長い場合、全体を2〜3個のパーツに分けて、一つひとつの対応関係を確認していこう！

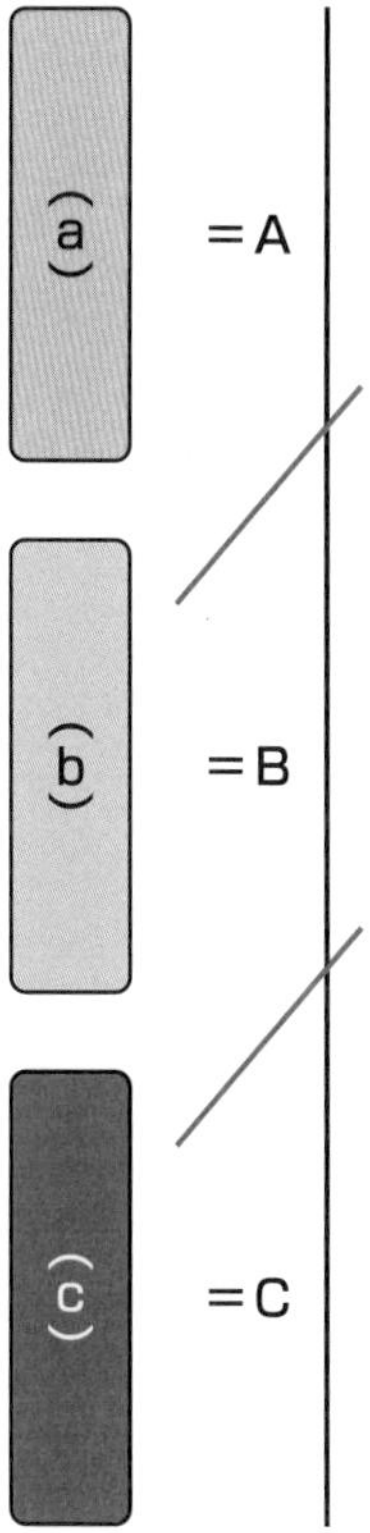

《イコール系問題》とは、基本的に、傍線部全体と**「そのまま同じ内容」を答える問題**です。傍線部がわりと長めの場合は、**傍線部全体を2〜3個のパーツに分け、ひとつずつ翻訳していく**感じで処理していきましょう。とくに、「傍線部を言い換えた部分を、本文から抜き出せ」といった、イコール系の《抜き出し問題》や《記述問題》ではメチャクチャ大切な方法論ですから、しっかり身につけてくださいね！

ミッション15
次の文章を読んで、後の問に答えよ。
制限時間 3分

人間は古代から動物という存在に大きな関心を払ってきた。おそらくこの世界に動物がいなければ、人間は自分が何ものであるかを理解することはできなかっただろう。また水のなかを自由に泳ぐことや、天空高く飛び回ることを夢想することも、あるいは、人間以上の生の在り方を想像し、そして実際に人間の限界を超えて生きることもできなかっただろう。それは、動物が人間とは異なりながら、しかしそれでいて多くの点で人間と共通していることで、人間に別の存在の在り方、別の世界の可能性、生の高次の次元をもたらしてくれるからではないだろうか。

人類史を振り返れば、野生の動物はなにより長い年月にわたり、人間を凌駕し圧倒しており、そのため人間にとって驚異であり、ときにはおぞましく戦慄をさえ抱かせる存在であった。森や草原を支配していたのは人間ではなく動物だった。そのような野生の動物と身近に接していた祖先たちの思考は、生命溢れる動物という存在によって動き始め、人間についての自己理解も、そうした動物との関係のなかで鍛えられたのではないだろうか。神話や説話や民話の世界に限らず、人間の始原の物語には必ず動物が登場する。そして動物が人間を照らし出していることは、現代においてもそうである。幼児の絵本にさまざまな動物が満ちているのも、また児童文学に子どもの傍らで寄り添う動物の姿が見られるのも、そして人間についての哲学的反省のうちに動物との対比が登場しているのもすべて、自然のうちにあらかじめ決まった場所をもたない不確定な人間という生の在り方が、それゆえに動物という他なる存在者を不可欠としているからにちがいない。

（関西学院大学／矢野智司『越境する動物がもたらす贈物《ギフト》』による）

問題　傍線部「自然のうちにあらかじめ決まった場所をもたない不確定な人間という生の在り方が、それゆえに動物という他なる存在者を不可欠としている」とはどういうことか。その説明として最も適当なものを次のイ～ホから一つ選び、その符号をマークせよ。

難易度　★★☆☆☆

イ　森や草原に居場所がある動物とそうでない自分たちとの違いを見定めることで、はじめて人間は確かな生活基盤を獲得できるということ

ロ　人間は子どもから大人へと成長する過程で、自然の中で生きる動物という存在について理解する必要があるということ

ハ　過酷な自然の中で人間が自らの生存を確かなものとするためには、動物の強い生命力に頼らなければならないということ

ニ　森や草原を支配してきた動物との関係の中に人間を置くことで、はじめて人間存在の輪郭が浮かび上がるということ

ホ　人類が自然の中で安住するためには、過酷な環境の中で生き残る動物たちの技法を研究する必要があるということ

（A）自然のうちに……不確定な人間という生の在り方が、／
（B）それゆえに動物という他なる存在者を不可欠としている
（a）「人間」は、生物として不確定な存在だから、それを確認するために、／
＝
（b）「動物」という、確定的な存在が必要なのである。

傍線部を（A）（B）に分けて、解読していきますよ。「人間って、いったいなんなんだ？」という疑問に対し、《イヌでも、サルでも、トリでもない》といった、**他の動物との境界線上に、「人間」という存在の輪郭が照らし出される**という内容。正解は、ニでOK。

イは、「確かな生活基盤を獲得できる」という結論が×。ロはまず「子どもから大人へと成長する過程で」という前提が×。また「動物という存在について理解する」も、逆ですね。ハは、「生存」や「生命力」など、そもそも話題がズレているので×。ホも、「動物たちの技法を研究する」って、ちょっと興味深いけど……全然×。

傍線部《なぜ系問題》攻略

《設問解析》を徹底し、答えの方向性（＋）（－）を確認せよ！

「日本列島上空で、梅雨前線が停滞しているため。」

なぜか？

雨天である

＝

どういうことか？

「雨が降っているということ。」

《イコール系問題》では、単純に傍線部と**「同じ内容」**を探せばよかったのですが、《なぜ系問題》では、傍線部の**「理由・原因」**を、考えて答えなければなりません。

例えば、傍線部が「良いこと（＋）」なら、理由も「良い内容（＋）」になるし、「悪いこと（－）」なら、理由も「悪い内容（－）」になります。《なぜ系問題》は「設問解析」を強めに実行し、**解答の「方向性」をビシっと確認する**ように心がけてください。

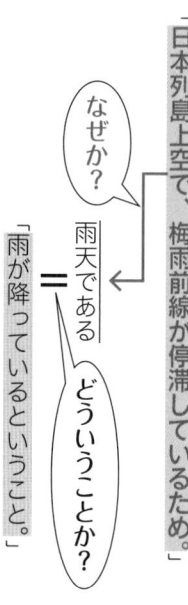

ミッション 16

次の文章を読んで、後の問に答えよ。

制限時間 3分

スクール・カーストの問題について、臨床心理士の岩宮恵子は次のような興味深い事例を報告している。カウンセリングを受けに来たある中学二年の女子Hは、クラスのなかで一番上のグループとされる、おしゃれで洋服や髪型に気を遣う派手なグループに属していたが、仲間はずれにされたことをきっかけに、教室に入りにくくなり、保健室で過ごすようになった。他のグループにはHを受け入れようとする生徒たちもいるのだが、彼女たちは位の低い地味なグループであるため、Hは絶対にいやだと言う。その子たちが話しかけてきても、「話しかけんな！」と拒絶してしまうほどだ。一方、自分を排除した仲間たちに対しては、ご機嫌をうかがうような、卑屈な態度を続けており、無視されたり、冷たくあしらわれても、元のグループに戻りたいと切望している。

岩宮恵子によれば、これはHに限らず、多くの思春期の女の子に共通する傾向であり、「彼女たちは、自分が属しているグループの数人の人たちには、信じられないくらいの労力を使って関係を維持することに汲々としているのに、自分が重要と思わない人に対しては、ほんとうに無神経な言葉で傷つけることがある」（『フツーの子の思春期』）。

おそらくHの苦悩の根幹には、自己の存在価値が下落することへの恐怖がある。孤独だけが問題なら、別のグループの人間に優しくされれば、その苦しみはかなり癒されるはずだが、彼女にはまったくその様子が見られない。むしろ、身分が低いグループと付き合えば自分の存在価値が落ちる、それだけは避けたい、という激しい抵抗感がある。そのためどんなに苦しくても、自分の属する仲間との間で「空虚な承認ゲーム」を繰り返してしまうのだ。

（法政大学／山竹伸二『「認められたい」の正体』による）

問題　傍線部「その子たちが話しかけてきても、「話しかけんな！」と拒絶してしまう」とあるが、この女子生徒Hはなぜこうも強く拒絶するのか。その理由として最も適切なものをつぎの中から選び、記号をマークせよ。

難易度 ★★★★☆

ア　「偽りの自分」を演じることで、自らの存在価値が下落してしまうという恐怖心を覆い隠したいから。

イ　他者を蔑んだり、排除したりすることで、相対的に自己の存在価値を高く保ちたいという心理が働くから。

ウ　自分が仲間として認めない者は、どうでもいい存在でしかなく、無価値なものとしか思っていないから。

エ　スクール・カーストでは、下から上の階層へ話しかけること自体が暗黙のうちにタブー視されているから。

オ　たとえクラスメートでも、関心のない者はみな風景と同じであり、対等な友人とは見なさないから。

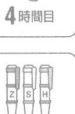

正解 イ

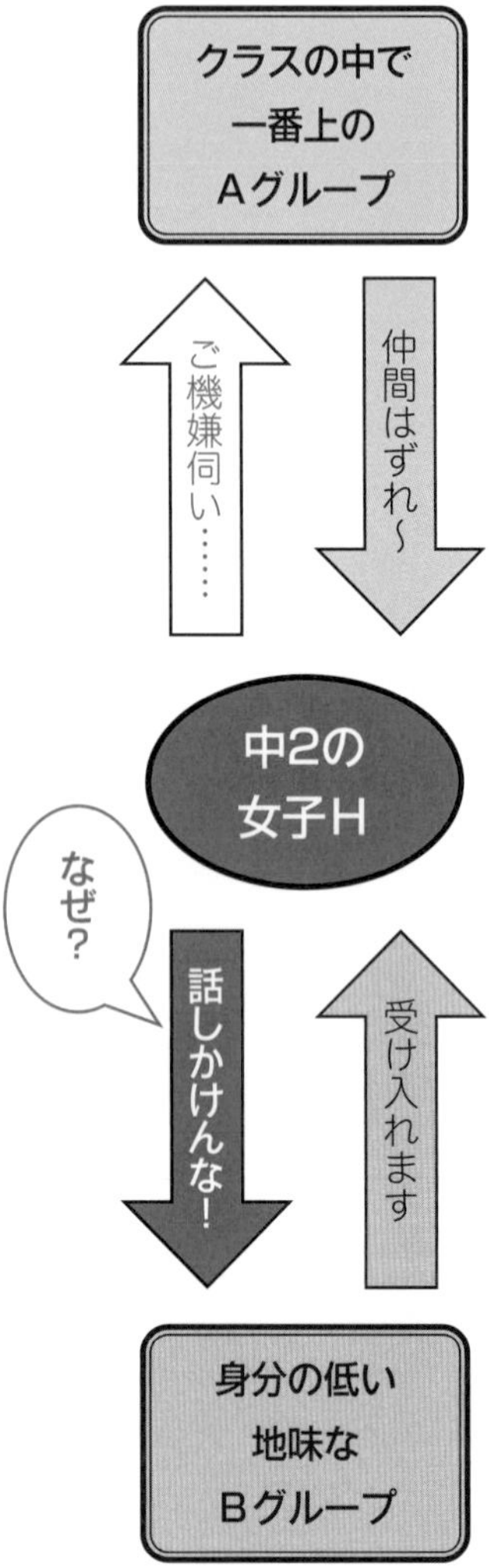

今回の設問は、中学二年の「女子H」は「なぜBグループに入りたくないのか?」ではなく……**「なぜ『話しかけんな!』と、こうも強く拒絶するのか?」**です。強く拒絶するってことは、何か相~当~イヤ~~な理由があるはずですよ?

・**自己の存在価値が下落することへの恐怖**がある。(13行目)

・身分が低いグループと付き合えば**自分の存在価値が落ちる、それだけは避けたい、という激しい抵抗感**がある。(15行目)

「自分の存在価値を絶対に落としたくないから」という内容を「ズバリの要素」として、選択肢を見ていきましょう。ア・イを残し、ウ・エ・オを《消去法》で処分します。

ウは「どうでもいい……無価値なものとしか思っていない」が×。どうでもいいなら無視すればいいだけで、強く拒絶する理由にはなりません。エは「下から上の階層……タブー視されている」がナシで×。オは「関心のない者はみな風景と同じ」が×。「風景」に向かって「話しかけんな！」って叫んでいる人がいたら……いろいろめちゃくちゃ怖いね。

残るア・イは《比較法》。どっちも良さそうだけど……さて、両者はどう違う？

△ア　「偽りの自分」を演じ……自分の存在価値が下がる**恐怖心を覆い隠したい**

→恐怖心を隠したいなら、むしろ堂々と「平気なフリ」をするんじゃない？

◎イ　他者を排除することで……相対的に**自己の存在価値を高く保ちたい**

→相手を「強く拒絶する」ことで、相手より高い地位にいることを示したい！

ということで、正解は**イ**となります。**「なぜ系問題」は、《設問解析》で解答の方向性をガチっと固めることがメチャクチャ大切！**　肝に銘じておいてくださいね！

たしかに、さまざまな仕事のあいだには、そのきつさの違いもあれば、見返りの違いも存在する。そして、そうした違いは、それぞれの文化において、仕事の重要度の違いという意識とも連動している。しかしながら、そうしたさまざまな仕事は、それぞれに相互に依存しあい、全体として複雑な協業を構成している。

仕事について働くということは、そうした相互依存のネットワークに自ら能動的に参与する、ということに他ならない。自分の活動は、他のもろもろの活動がつつがなく遂行されているおかげで可能となり、また他のもろもろの活動が可能となるための条件となる。自分の活動が、こうした相互依存のネットワークの網目の一つを織り成すようになる、ということが、すなわち仕事をもって働くということなのである。

こうした事情は、経済学の分野では、「社会的に有用な労働」が仕事である、という言い方で表現されたりもする。しかし「社会的に有用」ということの眼目は、「誰もが必要とするもの、必要とするようになりうるものを作り、届ける」というところにあるのであって、全社会的に注目されるような顕著な有用性ということではない。

したがって、さまざまな社会的な役割の中でも、経済活動において自分のいる位置を示す役割は、格段の意義を有している。この役割を負うことによって、どんなに見知らぬ他人を前にしても、〈その人に対して――その人が必要とするもの・必要とすることがありうるものを提供する者として――ある〉ということを相互に確認できるようになる。すなわち、こうした役割は、人間としての社会的な存在を相互に承認しあうときの、もっとも普遍的な足場を与えてくれる。

（中央大学／大庭健『いま、働くということ』による）

問題 傍線部「したがって、さまざまな社会的な役割の中でも、経済活動において自分のいる位置を示す役割は、格段の意義を有している」とあるが、どのような点に着目して、筆者は経済活動における役割が「格段の意義を有している」と言っているのか。その説明としてもっとも適当なものを左の中から選び、符号で答えよ。

難易度 ★★★☆☆

A 経済学の分野では、仕事とは社会的に有用なものを作り出す労働であると説明されている点。

B 誰もが必要とする可能性のあるものを提供することが、誰もができるありふれた経済活動である点。

C 相互依存のネットワークに参与するためには、仕事に就いて社会の中で有益な役割を果たさなければならない点。

D 経済活動において自分が特別な存在であることを示せば、社会的な存在であることが承認されうる点。

E 有用な仕事は、ある活動が別の活動のためになるという相互依存の連鎖を形成するという点。

「仕事」＝社会全体の中で、複雑な**相互依存のネットワークを形成している。**

「働くこと」＝**相互依存のネットワーク**に能動的に参与すること。

「社会的に有用な労働」＝誰もが必要とするものを作り、届けること。

しかし 全社会的に注目されるような顕著な有用性ということではない。

したがって、さまざまな社会的な役割の中でも、経済活動において自分のいる位置を示す役割は、格段の意義を有している。

↓どんなに見知らぬ他人を前にしても、〈その人に対して――必要なものを提供する者として――ある〉ということを相互に確認できるようになる。

すなわち、こうした役割は、**人間としての社会的な存在を相互に承認しあうときの、もっとも普遍的な足場を与えてくれる。**

筆者は、**どのような点に着目して**「自分のいる位置を示す役割」が「格段の意義を有している（＝**大変重要**

だ)」と言っているのか? いわば「**前提**」を答える設問です。

例えば、山へハイキングに出かける子どもに対して、母親が「ちゃんと雨具を持っていきなさーい!」と言いました。さて、母親は**どのような点に着目して**、そのような発言をしたのでしょうか? それは……《山の天気は非常に変わりやすい》という点です。

「**私はココでみなさんの役に立ってまーす!**」……筆者は、この社会が《**相互依存のネットワークを形成している**》という点に着目し、自分の位置を示す役割の意義を述べているのです。したがって、「(仕事が) 相互依存の連鎖を形成する」という、Eが正解。

例えば……設問が「**なぜ、自分のいる位置を示す必要があるのか?**」だったら、「労働の有用性は、全社会的に注目されるような顕著なものではないから。」という答えになります。また、「**自分のいる位置を示す役割は、格段の意義を有しているとあるが、それはどういうことか?**」だったら、「**社会的な存在として相互に承認しあうことが、人間関係の普遍的な足場を形成するということ。**」となります。ここでは何を問われているのか? 何を答えるのか? 《設問解析》で、傍線部としっかり向き合ってください。

7 時間目

「空欄補充問題」の危険な落とし穴！

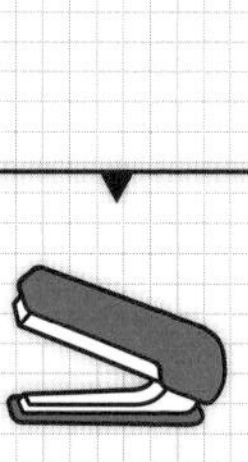

空欄補充を制する者は、現代文を制する!?

宮下先生の家で飼っている犬の種類は、［　A　］です。

空欄Aに入る言葉はなんでしょう？　「柴犬」？　「チワワ」？　「トイ・プードル」？

空欄補充が嫌いな人は、**「そんなの筆者のサジ加減一つなんだから、わかるわけないでしょ」**なんて怒っているかもしれません。でも実際の入試問題は、**出題者のサジ加減で、ちゃんと解ける箇所を選んで空欄にしている**のです。つまり**絶対に解ける**のです。決して、個人情報とか超能力とか謎のパワーで解くような問題は出ませんので、ご安心ください。（ちなみに、空欄Aの正解は「イタリアン・グレイハウンド」でした……。当てた人コワい！）

逆に、空欄補充は「嫌いじゃない」なんて思っている人のほうが、ちょっと心配です。**「配点も小さいし～、選択肢も短いし～、なんとかなりそう（＝嫌いじゃない）」**……大丈夫かなぁ？

空欄補充問題には、じつは**傍線部問題とはひと味違う難しさ**があるのです。まずはその、**なぜかポロっと間違えちゃう仕組み**を分析し、攻略法を探っていきましょう。

なぜか間違えちゃうメカニズム……とは?

《1》そもそも「空欄」だから……

「傍線部」には、それ自体にもなんらかの手がかり(情報)が含まれます。しかし**「空欄」は完全に「無(=情報ゼロ)」**なのだから、「ズバリ法」で攻略する以外に方法はありません。**前後の情報を整理して、空欄に入る内容をきちんと推理**しましょう!

《2》「選択肢」がわりと短いから……

選択肢に、いわゆる**《現代文重要単語》**がズラリと並ぶと、**純粋な「語彙力」勝負**になってきます。P.125に、頻出の「〇〇的」を集めましたので、一気に暗記してください!

また選択肢が短いと、先にチラチラ見てしまいがちです。挙句の果て、空欄に語句を一つずつ当てはめ、一番しっくりくるヤツを選ぶ……通称「メガネ買うときのパターン」が発動したら地獄行き確定です。**選択肢の誘惑に負けず、誠実に「ズバリ法」**を敢行してください!

「構造的な推理力！＝読む力」「ズバリ法の徹底！＝解く力」「語彙力の強化！＝知識力」

すなわち、空欄補充問題には、現代文攻略に必要なものすべてが詰まっているのです！

空欄補充攻略に最も大切なこと……それは**「必ず解ける！」という信念**です。「最後まで自分を信じろ！」という精神論ではありません。「最後まで問題を信じろ！」って話です。

最初にも書きましたが、**すべての空欄補充問題は、必ず解けるように作られています**。いわば、**ちゃんと答えが用意されている「パズル」**みたいなもの。そこで……！

本文の情報を整理して、「パズルの問題」を再構成せよ！！！

［　A　］←**「オカンの好きな朝ご飯の名前」**

＝（＋）「カリカリしていて、牛乳をかけて食べる」「栄養バランスの五角形がデカい」

（－）「人生最後のご飯としては、ふさわしくない」

ミルクボーイの名作漫才から拝借いたしました。さて「空欄Ａに入る言葉は、な～んだ？」

「コーンフレークやないかい！　その特徴はもう、完全にコーンフレークやがな！」

空欄と「イコールの内容」「逆の内容」そして「**根拠**となる内容」など、情報を組み立てなおして「正解」を暴く！　7時間目のミッションでは「超～難問」＝**「極上のパズルゲーム」**を厳選しました。**「必ず解ける！」という信念を胸に、思いっきり楽しんでみてください！**

ミッション 18

次の文章を読んで、後の問に答えよ。

制限時間 2 分

山崎正和が説くように、「身につかない単なる知識の記憶は教養ではないが、逆に知識の裏付けのない人格の陶冶は修養と呼んでも、教養とはいわない」。書物を通じて得た知識がほんとうにその人の発想や態度にしみこんでいないかぎり、「教養ある人」とは呼ばれないのも確かであるが、反面で、外から取り入れる知識は次元の低いものだとして［A］態度も、「教養」の敵とされてきた。

立派な見識や、豊かな情感を人が抱いたとしても、頭を働かせてそれを腑分《ふわ》けし、適切な言葉で表現できなければ、他人に伝えられない。書物を読み、知識を蓄える営みは、著者のそうした思考作業を追体験し、さまざまな発想に触れることで、自分の側の思考の道具立てを豊かにする、重要な意味を持っている。

（青山学院大学／苅部直『移りゆく「教養」』による）

問題 ［A］に入る語句として最適なものを次の中から選び、記号をマークせよ。

難易度 ★★★☆☆

ア 人柄のみに執着する
イ 一切の学問を拒否する
ウ 自国の文化のみを尊重する
エ 書物を丸暗記しようとする
オ 自分で何かを発見しようとする

山崎正和の主張（a）（b）を、筆者が言い換える（c）（d）、という構成。整理すると……

（a）**身（人格）**につかない／単なる**知識**の記憶　＝「教養ではない」

（b）**知識**の裏付けのない／**人格**の陶冶（＝鍛え上げること）＝「教養とはいわない」

（c）書物から得た**知識**／**発想や態度（人格）**にしみこんでいない　＝「教養ある人とは呼ばれない」

（d）外から取り入れる**知識**は次元の低いものだとして／ A **態度**　＝「教養の敵とされてきた」

⇦

（a）＝（c）**「人格ダメ（－）」**／「知識アリ（＋）」

（b）＝（d）**「知識ナシ（－）」**／「人格ヨシ（＋）」

→ どちらも**教養**があるとはいえない

つまり、空欄Aには**「人格ヨシ（＋）」**という内容を入れなきゃ、バランス取れないでしょ？　したがって正解はズバリ、**ア**「**人柄のみに執着する**」で秒殺！　イは、たんに直前（知識ナシ（－））の繰り返しだから×。ウは「自国の文化」がタンコブで×。エは逆に「知識アリ（＋）」になっちゃうから×。オの人はねぇ〜、選択肢を見てから考えてるでしょ？「外部の知識（受動的）」⇔「自分で発見（能動的）」なんてナゾの構図を、**選択肢に勝手にイメージさせられている**のです！　ズバリ法を徹底的に遂行せよ！

スゴ技！

空欄補充に出る「●●的」30選

【因襲的】＝古くからの習慣にそのまま従うさま。因習的。
【厭世的《えんせい》】＝人生に絶望し、世をはかなむ傾向にあるさま。
【画一的】＝すべて一様にそろって個性や特徴がないさま。
【感傷的】＝悲しみで胸が少し痛むさま。センチメンタル。
【観念的】＝頭だけで考えて、現実に即していないさま。
【幾何学的】＝形状が一定のパターンを持っているさま。
【逆説的】＝矛盾しているようで、真理を突いているさま。
【形骸的《けいがい》】＝形式だけ残し実質的な意味を失っているさま。
【衒学的《げんがく》】＝学問や知識をひけらかすさま。ペダンチック。
【高踏的】＝孤高を保っているさま。お高く構えるさま。
【暫定的《ざんてい》】＝臨時の措置であるさま。一時的であるさま。
【恣意的《しい》】＝その時々の思いつきで物事を判断するさま。
【刹那的《せつな》】＝瞬間的。眼前の一時的な享楽にふけるさま。
【前衛的】＝既存の枠を超え、時代に先駆けているさま。
【先天的】＝生まれつきであるさま。生得的。アプリオリ。

【相対的】＝他との関係・比較の上で成り立っているさま。
【即物的】＝主観を排して、実際の物に即して考えるさま。
【即興的】＝その時、その場の雰囲気で即時に行うさま。
【大局的】＝物事の全体を概括的に捉えるさま。巨視的。
【退廃的】＝健全さや道徳観が崩壊し、すさんでいるさま。
【多義的】＝いろいろな意味に解釈できるさま。⇔一義的
【短絡的】＝原因と結果を性急に結びつけて考えるさま。
【独善的】＝他人に配慮せず、ひとりよがりであるさま。
【排他的】＝自分と仲間以外を排斥する傾向のあるさま。
【普遍的】＝時間空間を超え、すべてに広く共通するさま。
【便宜的《べんぎ》】＝その場の都合で、一時しのぎに処置するさま。
【封建的】＝古い上下関係を重視し、権利を認めないさま。
【牧歌的《ぼっか》】＝牧人・農夫の歌のような素朴で抒情《じょじょう》的なさま。
【有機的】＝各部分が密接に結びつき全体を構成するさま。
【類型的】＝一般的な型にはまり、特徴や個性のないさま。

ミッション 19

次の文章を読んで、後の問に答えよ。

制限時間 5 分

現代のサブカルチャーの盛行と、それにともなう人間性の変容について、東浩紀がおもしろい指摘をしている。東は、一九九〇年代、漫画、アニメ、ゲーム、フィギュアといった「オタク系文化」に群がる日本の若者が、「近代の人間」に代わる、新たな人間性を備えるようになったと指摘し、それを「データベース的動物」と名づける。

彼らは、より以前の世代とは異なって、世界の全体を見わたし、意味づける「大きな物語」を、必死になって求めることはしない。さまざまなアニメやゲームの、魅力的な登場人物や背景設定をいつでも取り出すことができる膨大なデータベースが、彼らの前にはすでにある。そこから欲望（「萌え」）を誘う要素を取り出し、それを複製したり組み合わせたりして、表層の「小さな物語」の中で戯れることで、自分が生きている世界に意味を与えるのである。

この、「オタク」たちが文化を消費する行動は、だいたいにおいて孤独な営みであり、情報交換を通じてのお互いの交流はあっても、それは、親族や地域共同体での社交とは異なり、いつでも「降りる」ことができると考えられている。

ポストモダンの人間は、「意味」への渇望を社交性を通しては満たすことができず、むしろ動物的な欲求に還元することで孤独に満たしている。そこではもはや、小さな物語と大きな非物語とのあいだにいかなるつながりもなく、世界全体はただ［A］に、だれの生にも意味を与えることなく漂っている。

このような傾向は、現代の日本では「オタク」の人々に限られたものではないだろう。大衆消費社会と情報社会の進展にともなって、体系化された知識ではなく、個別の断片的な情報の群れが文化の全体をおおうようになる傾向が極限まで進んだ結果と見なすなら、同じような意識の変化は、[B]に生きる人間の少なからぬ部分にも生まれているはずである。これに対して、書物を媒体とする知識体系や、「降りる」ことのできない人間関係への完全復帰をひたすら力説することは、時代に逆行する不毛な叫びにすぎない。

だが、そのことを認めた上で思うのである。反動的な意見ととられるかもしれないが、書物を通じた知識の習得が「教養」の中心に留まるべき必然性も、あるのではないか。

（青山学院大学／苅部直『移りゆく「教養」』による）

問1 [A]に入ることばとして最適なものを次の中から選び、記号をマークせよ。　**難易度** ★★★★☆

ア　懐疑的　イ　宗教的　ウ　即物的　エ　多義的　オ　有機的

問2 [B]に入ることばとして最適なものを次の中から選び、記号をマークせよ。　**難易度** ★★★★☆

ア　快楽主義　イ　西欧世界　ウ　先進諸国　エ　知識人社会　オ　伝統文化

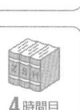

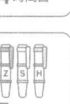

［近代（モダン）の人間］

［ポストモダンの人間］
（＝現代のオタク）

【近代（モダン）の人間】＝「書物」を通して、**世界や人生に「意味」を与える《大きな物語》**を求める。

【ポストモダンの人間】＝「アニメ・ゲーム」などの**《膨大なデータベース》**から、欲望（萌え）を誘う要素を取り出し、**《小さな物語》**を構築して楽しむ。

【近代の人間】は、例えば『三国志』を読むことを通して、中国の歴史に興味を持ったり、武将の生きざまに理想の男性像を見たりと、人生観や世界観に影響が与えられることがありました。すなわち、書物の向こう側にある《大きな物語》が、世界や自分の人生に「意味」を与えていたのです。

それに対して**「ポストモダンの人間（＝現代のオタク）」**は、例えば『三国志』のゲームにおいて、武将のデータ（統率力／武力／知力／政治力など）からお気に入りを集め、最強のフォーメーションを作って楽しみます。この心理は、アニメ・アイドル・鉄道など、さまざまなオタク活動にも通じますよね。**《膨大なデータベース》**から、自分の感性が反応する「萌え（さすがに死語だよね）」「エモい」「尊い」要素をピックアップし、**自分だけの《小さな物語》**にまとめて満足するのです。

空欄A **【ポストモダンの人間】**にとっての「世界全体」とは、**《膨大なデータベース（大きな非物語）》**を指します。これが**「(だれとも)いかなるつながりもなく……だれの生にも意味を与えることなく漂っている」**のです。さあ、ここからは選択肢と「知識力」の勝負です。

ア「懐疑的」ですが、世界全体が「疑わしく漂っている」なんて、日本語として成立しないので×。

イ「宗教的」は……庵野秀明監督＝神＝宗教、みたいな連想？ ……さすがにこじつけすぎですね×。

ウ「即物的」は、**主観を排して、実際の物に即して考えるさま。**《データベース》は、個人的な意味や主観的な思い入れなどとは無関係に、まさに**「ただの物」として漂っている**のです。《消去法》じゃなくて、これを《ズバリ法》でズバっと選べた人はメチャクチャ頭良いぞ◎！

エ「多義的」は、いろいろ**な意味に解釈できるさま。**だれの生にも意味を与えないのだから×。

オ「有機的」は、**各部分が密接に結びつき全体を構成するさま。**《データベース》と自分は、いかなるつながりもないので×。エとオを、**語彙力で完璧に消去する**のがポイントでしたね。

空欄B こうした《データベース》的志向は、いまや「オタク」の人々に限らず、**「(自分も含めた) 現代社会に生きる多くの人々」**にも生まれています。例えば現代社会では、知る人ぞ知る町の小さなラーメン屋さんから、名前が胡散《うさん》臭いナゾの現代文参考書まで、ありとあらゆるものがネット上で☆評価され、消費者はそのデータを参考に行動（買う／買わない）を決めています。（高評価お願いしま〜す。）

ウ「先進諸国」は、「現代社会」という言葉に比べるとやや限定的な気もしますが……空欄Bの直前に注目です。「**大衆消費社会と情報社会の進展……個別の断片的な情報の群れ**（例えばネットの☆評価）**が文化の全体をおおうようになる傾向が極限まで進んだ結果と見なすなら**」……そう、**ここがまさに《根拠》です！「極限的な情報化社会＝先進諸国」**に生きるがゆえに、みな**《データベース》的志向に傾倒してしまう**のです。**《根拠》あっての、空欄！** この捉え方を、しっかりマスターしてほしいと思います。

ア「快楽主義」は、どちらかというと、動物的な欲求（萌え〜）に走る「オタク」を指す言葉だから×。ちなみにこのアは、語彙力に自信がない人が選びがちな解答ですなあ。

イ「西欧世界」って……キミひょっとして西欧人？

エ「知識人社会」ですが、これに対して筆者は**「書物を媒体とする知識体系……への完全復帰をひたすら力説」**していいます。つまり「本を読みましょう〜！」って叫んでいるわけですが……待て待て、「知識人社会」の人間は、言われなくても普段からしっかり本を読んでいる方々のはずだから×！

オ「伝統文化」って……キミんち、ひょっとして代々歌舞伎役者？

次の文章を読んで、後の問に答えよ。

（イギリスや日本など、優秀な大陸文化の縁辺にある島国では、文化は必然的にアイランド・フォーム〈島国形式〉をとることになると考えられる。）

言葉におけるアイランド・フォームはまず沈黙への傾斜という形をとり、多言を嫌う。相手の心を察する伝達が重んじられるから、修辞学でいう誇張法はむしろはしたなく野暮であると感じられ、その逆が好まれる。〝悪くないね〟〝あまり好きではない〟がそれぞれ〝すばらしい〟〝大嫌いだ〟の意味で用いられるなどはその一例である。アイランド・フォームのもっとも進んだ言語形態は家庭内の会話に見られる。相手に委ねる部分のきわめて大きな表現である。お互いに気心は知れている——これが形にあらわれるとすれば、わかっていること、わかっているだろうと思われることはどんどん省略割愛して相手に想像してもらう形式になる。ことこまかにのべるのは、気心が知れていないからであり、知れていないと感じている証拠だから、失礼に当る。洗練された表現は沈黙の方向へ向かっており、ついには以心伝心というところへ達する。

日本語、日本文学にくわしいイギリス人、アラン・ターニー氏は「日本の作家たちは西洋の作家より、読者に任せる部分が大きい」ことを日本文学の特質と考えている。ターニー氏がそう感じるということは、イギリスのアイランド・フォームよりも日本のアイランド・フォームの方がさらにいっそうアイランド・フォーム的である証拠になる。わが国のアイランド・フォームが聖徳太子が小野妹子を隋に遣わした折の国書の「日出処天子、致書日没処天子、無恙乎」（六〇七年）に始まり、遣唐使の廃止（八九四年）に完成すると見れば、イギリスに比べて五百年もの差がある。わがアイランド・フォームに A があって当然であろう。

相手に委ねられる限りのものは抑えて表現しない措辞は、たとえて言えば、線状のもののうち略し得る部分を次々に消去して行った結果、残った点と点のつらなりのようなものになる。日本語の特質のひとつは、この点的表現であるとしてよかろう。それは囲碁における布石を連想させる。ザル碁のたぐいは別として、布石はなるべく石と石との間を離すようになっているが、それでいて、相手の目に見えない論理は存在する。この目に見えない点的論理が西洋流の線状の、したがって、可視的な論理とはいちじるしく異なるところから、しばしば没論理のように誤解されるが、 B 論理であるだけだ。

ヨーロッパの言語は相手への C に立脚しており、主張しないことは相手に理解もされず承認もされないと感ずる人たちの間で発達した。雄弁である。言葉は積み重ね構築すべきものであるとされる。そういう表現の建築学に対して、日本語ではむしろ彫刻的原理が支配的であるように思われる。詩にしても、素材にノミを加えて不要部分を削り落とす。純度が高くなればなるほど形は小さくなって、ついに短詩型文学に結晶する。長詩が栄えないわけで、何千行という詩は思いもよらない。長歌と言ってもせいぜい数十行を出ない。(中略)

絵画においても削り落としの原理は作用している。日本画の背景は D である。洋画のように色で塗りつぶさない。何も描かないことによって余剰を増幅しているとも考えられるが、削りうるものはなるべく省く美学のためであろう。梅に鶯の絵柄だとすると、梅の枝と鳥だけが描かれて、その他のものはすべて画面から排除され、見者の想像に委ねられる。こういう画法は洋画ならばデッサンであって完成した画とは言わない。俳句や短歌における詩法も多分にこのデッサン的性格を持っているが、それで完成したものであると感じるようになっているところが日本語である。

（学習院大学／外山滋比古『日本語の個性』による）

問題　文中の空所A〜Dを埋めるのに最も適当なものを、それぞれ①〜⑤の中から選べ。

難易度　A ★★★★★　B ★★★★☆　C ★★★★★　D ★★★☆☆

A　①　多言を野暮として嫌う傾向　②　沈黙への極端な傾斜　③　徹底した省略割愛　④　一日の長以上のもの　⑤　多少は行き過ぎに見える点

B　①　風変わりな　②　別種の　③　軽妙な　④　洗練された　⑤　特殊な

C　①　不信　②　伝達　③　信頼　④　無関心　⑤　理解

D　①　無色　②　簡素　③　空白　④　無地　⑤　淡泊

空欄A 正解率約20%の超難問! 攻略のカギは、《根拠》と《執着心》!?

①か②か③か……⑤もアリ? **④はまあ、意味不明だから消しとこ~。**(=解けない子の思考パターン(笑))

この問題の難しさは、①②③、**どれを入れても読めなくはない**点にあります。(⑤も悪くないけど、「行き過ぎ」だと、日本の状況が(－)評価になるから×。)でも見方を変えれば、この①②③はそれぞれアイランド・フォームの「**部分的な特徴**」でしかなく(例えば「ゾウ」に関して、①鼻が長い・②耳がデカい・③牙が太い・など)、どれも決定打に欠けると言えます。ではもう一度、本文に戻ってみましょう。

…**イギリスに比べて五百年もの差がある。**(だから)

「**わが**(=日本の)**アイランド・フォームに** A **があって当然**であろう。」

再び登場、**《根拠》あっての、空欄!「五百年もの差がある**(=根拠)**」**からこそ、A があって当~然と言えるのです! だったら……無視してはいけない選択肢が一つ、ありましたよね?

【一日《いちじつ》の長《ちょう》】=(一日早く生まれた兄は、弟よりも一日分だけ優秀だという意味から)**経験や知識、技能などが他の人より少しすぐれていること。**(出典は『論語』)

正解
A ④
B ②
C ①
D ③

イギリスに比べて**五百年もの差**があるのだから、日本に④「**一日の長以上のもの**」があって当然であろう、とつながるのです。これをたんに、故事成語の「知識力」の差だと、片付けてほしくないんです。**《根拠》**をしっかり押さえ、「絶対に正解してやる！」という**《執着心》**を持っていれば、正確な意味を知らなくても「……時間的な言葉が入るはず？」なんて**粘れた可能性は十分にあった**のではないでしょうか？

空欄B　正解率30％の難問！　攻略のカギは……幅広い意味での**《知識力》**でした！

【日本語】＝**「点」的表現**「・・●・・・●・・・・」→**《目に見えない論理》**

【西洋語】＝**「線」的表現**「■■■■■■■■■■■■■■」→**《可視的な論理》**

「**そばで。**（おばちゃん、私は天ぷらうどんではなく、天ぷらそばを注文します。）」「**もうちょい右～。**（＝私のかゆいポイントは、背骨のもう少し右の地点である）」……日本語では「主語」「述語」「目的語」などがポンポン省略され、しかも、そのほうがオシャレだとさえ思っています。（バーで「**マスター、いつもの**」とか、言ってみたいでしょ？）でも西洋人からすると、そんな日本語が「**没論理（一）**」に見えるそうです。

ところで、点的表現の「日本語」、線的表現の「西洋語」、どっちが優秀な言語だと思いますか？……ここで、次の考え方を確認しておきましょう。

【文化相対主義】＝一つの文化を絶対視するのではなく、**諸文化をそれぞれ独自の価値体系をもつ対等な存在として捉える**考え方。現代の文化人類学の基盤となる思想の一つ。

「フォーク・ナイフで食べる文化」「箸で食べる文化」「手で食べる文化」、どの食文化が一番すぐれている？なんて聞くのは……現代では「ゾウ」「ライオン」「クジラ」のどれが一番優秀か？というのと同じぐらいマヌケな質問です。3つは種類が違うので、そもそも優劣などつけられません。だから、**文化を比較して優劣をつけている選択肢は、高い確率で**×となります。では、選択肢を（＋）（N）（－）に分けてみましょう。

①**「風変わりな」**＝（－）！②**「別種の」**＝横並びの関係になるので（N）（ニュートラル・中立）！③**「軽妙な」**＝これはまさかの（＋）！「私の彼氏、軽くて妙なんです～」みたいな意味ではなく、「さんま師匠の軽妙な（＝**軽やかな**）トーク」という使い方をします。④**「洗練された」**＝当然（＋）！⑤**「特殊な」**＝じつは（－）！これは自分たちを「標準」と考え、そこから外れるものを見下す表現なのです。

西洋語に比べて日本語は、「洗練されてる（＋）だけっス！」と調子に乗るのも、「風変わり（－）なだけです～」と卑下するのも、やっぱりバランスが変でしょ？②**「別種の（N）」**が正解でした！

空欄C 正解率15％の超超超難問！攻略のカギは《**ズバリ法**》と……小さな《**勇気**》!?

［ヨーロッパの言語］＝**相手への［C］**
↓**に立脚しており**（の上に成り立っていて）、

（ヨーロッパの言語）＝**主張しないことは相手に理解もされず承認もされない**
↓**と感ずる人たちのあいだで発達した。**

日本人の場合、お互いに気心が知れている関係では、言葉がどんどん省略割愛されていきます。それは、「**こ**

とこまかに述べなくても理解してくれるだろう」と、相手を**「信頼」**しているからです。

ところが西洋人の場合、**「主張しないことは相手に理解もされず承認もされない」**と感じているので、めちゃくちゃ雄弁（＝説得力をもって力強く話すこと）なのです。すなわち、ヨーロッパの言語は相手への①**「不信」**に立脚しているとなるわけです。……まさに「不信！」なんていう怖いワードを選び抜くためには、無難な選択肢に逃げず、「ズバリの要素」を信じて任務を遂行する**《勇気》**が大切なのです！

空欄D 今のところまだ、正解ゼロのみなさ～ん！　ここでなんとか一矢報いたい！！！

日本画の背景は［D］である。

「色で塗りつぶさない」「何も描かない」「削りうるものはなるべく省く」

「その他のものはすべて画面から排除され（る）」＝**「何もない！」**

①**「無色」**＝色がないこと。②**「簡素」**＝飾り気がなく質素なこと。③**「空白」**＝**何も存在しないこと。**④**「無地」**＝柄や模様がないこと。⑤**「淡泊」**＝あっさりしていること。というわけで、③が正解！

史上最強の空欄補充四連弾、どうだった？（しんだ？）方法論をしっかり自分のものにしてください！

8
時間目

「抜き出し」「記述」の牙城を崩せ！

私大現代文の2大モンスター、《抜き出し問題》&《記述問題》の登場です！

選択肢問題に比べて「配点」が高く、「時間」も大きく奪われてしまうので、扱いを間違えると致命的なダメージを受けかねません！　ここで攻略の神髄を学び、その技能を磨き、現代文完全制覇に向け**「あ、お話の途中すみませーん。私が受ける大学、抜き出しも記述も出ないんで、ここで失礼しまーす」**……おととと、ちょいちょいちょいちょい待って！

《抜き出し問題》は**【本文読解／情報処理】**、また**《記述問題》**は**【設問解析／ズバリ法】**のトレーニングとして効果絶大です。これら全〜部ひっくるめて『難関私大現代文のスゴ技』ですので、記述が不要な人も、ぜひぜひ積極的に参加してくださいな！

ではまず**《抜き出し問題》**の攻略から。

個人的には、記述よりコッチのほうが厄介だと思っています。何か書いたら多少は部分点がもらえる《記述問題》に比べ、《抜き出し問題》の場合、◎以外は×（0点）ですからね。5分かけて見つからなければ、ただ5分を失うだけの大ダメージです!!

スゴ技！

《抜き出し問題》攻略メソッド！

①基本的に、捨てる！

ひー。いきなり衝撃的な消極的アドバイス！　少し探して「ヤバいな」って思ったら、見限って次の問題へ進んじゃいましょう。タイムマネジメントも、実力のうち！

②自分の言葉で、答えを考える！

空欄や傍線部とじっくり格闘し……**答えを「自分の言葉」で考える!!**　これが《抜き出し問題》攻略の、最大の秘訣です。「8文字8文字8文字～～」なんてオロオロ探しに行っちゃダメ！　文字数なんかどうでもいいから、「答え」を必死で考えるのです！

③「答え」のありかを予測して、本文を捜索！

いま考えた「答え」なら、本文のどのあたりにありそうか……**ある程度の目星をつけて捜索します！**　例えばグーグルマップで「パイナップル畑」を探すなら、いきなり沖縄県を狙い撃ちするでしょ？　上（北海道）から順番に探している時間はありません。

次の文章を読んで、後の問に答えよ。

「差別語狩り」という言葉が一般化したのは、ここ十年ほどのことだ。そしてこの語感がわたしたちに示しているのは、一般の人々にとって、差別的な言葉を指摘しその使用を告発する行為が、ある時期から、適切な「異議申立て」であることを逸脱していると感じられはじめた、ということであろう。わたしは差別語や差別現象の指摘がすべて「差別語狩り」という言葉でくくられてはならないと思う。この指摘、告発をまったく封じるなら、「少数者」は「異議申立て」の手段を失ってしまうことは明らかだからである。

しかし、いま極端な「差別語狩り」を想定してみれば、それは、市民社会における差別的現象、そのあからさまな行為や態度の一切を、「禁じ手」にするように作用すると言える。そして法律や公的な慣習は、徐々にこの傾向に従うだろう。現代社会は、この「自由で開かれた社会」という理念に対抗的な理念を持たないからだ。だがこの場合、もし「少数者」の「異議申立て」がマジョリティにほんとうには受け入れられていず、「開かれた市民社会」というタテマエによってのみこの「禁じ手」が守られるとすれば、一体どういう事態が生じるだろうか。

答えは明らかである。「少数者」や「差別」の問題は、〝できるだけ触れないほうが賢明なタブー〟として「囲い込まれる」のである。

「少数者」の生活上の諸権利は表向き保護され、向上するだろう。彼は公的にはマジョリティと対等な市民とみなされるだろう。だが、「少数者」に向けられるマジョリティの心意は、彼を市民社会における異人、

「徴《しるし》付き」とみなすことをやめない。たとえば、「部落」出自の人間の市民権は、公的には明治以来一般人と同等である。彼らの市民としての諸権利は、在日朝鮮人等々の場合とは違って、公的にはつねに保護され、配慮されつづけてきた。にもかかわらず、その「差別」は依然として根強く存在している。このことは、差別的行為に対する指摘や告発の運動がまだ不足しているということを必ずしも意味しない。むしろ彼らの「異議申立て」が□的な理念としてだけ公認され、人々の心意においてはほとんど受け入れられていないこと、そのことによってまさしく問題として「囲い込まれている」ことを意味しているのである。

（中央大学／竹田青嗣『エロスの現象学』による）

問題　空欄に入れるのにもっとも適当な五字以内の語句を本文中から抜き出して答えよ。

難易度　★★★★☆

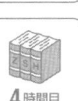

「差別語狩り」とは、まず「①差別語を使う馬鹿野郎」がいて、「②差別語を使うな！」って怒る人が増え、その現象に対して「③正しいしわかるけど、ちょっと過剰じゃない？」って密かに思う人が出てくる……この③のレベルで使われる言葉です。

現代の「自由で開かれた社会」では、「差別語」が許されるはずはありません。ただ、そうした「少数者の異議申立て」が、本音では受け入れられず、「開かれた市民社会」というタテマエだけで守られるとすれば、少数者は〝できるだけ触れないほうが賢明なタブー〟として「囲い込まれる」ことになる、という内容です。

「異議申立て」が［　　］的な**理念**としてだけ**公認**され、
人々の心意においてはほとんど受け入れられていない……

空欄は、「**人々の心（本音?）**」とは逆の内容で、「**理念**」「**公認**」と関連する、「○○○○○的」に入る五字以内の言葉。私は「システム」「社会」あたりを想定して、本文の後半を捜索しました。そして「**タテマエ（＝理念?）**」を足がかりに、正解の「**市民社会**」を無事に発見！　ヤッタネ！　キミは何分で見つけられたかな？

ミッション 22

次の文章を読んで、後の問に答えよ。

制限時間 4 分

現代は、手によって触れられるものが現実から大幅に後退して、手で触れられない、いわばイメージとでもいうべきものが、価値においても量においても増殖しつつある時代だ、といえるかと思います。ところで、このような傾向が強まって行くと、人間の世界はじつは二重の意味で変質を見せることになります。というのは、現実が情報化されるにつれて変質するのは現実だけではなく、逆に情報自体がその構造を大きく変えることになるからです。ひと言でいいますと、現代の情報というのはしだいに断片化し、焦点を失って、全体としていちじるしく明確な構造を欠くという傾向を示しています。

具体的な例をあげれば、昔の主たる情報媒体はいうまでもなくことばであり、しかもそのことばは論理的な体系を持っていて、さらに具体的には、書物という体系的なかたちでわれわれに与えられていました。その書物が現在では相対的に価値を下落させて、その分だけ新聞というものが大きな情報源になりつつあります。さらには、テレビが情報の重要な供給源になって、話しことばや映像が媒体としての地位を高めつつあります。

この三つの情報手段を簡単に比べてみますと、まず、本というものはたくさんの情報をわれわれにもたらしながら、しかも、その情報にきちんとした構造を与えています。ばらばらの印象を漫然と読者に与えるのではなくて、ひとつひとつの断片が鎖のように連なった情報を、山あり谷あり、始めと中と終わりを持つ完結したかたちで提供します。このような書物がほとんど唯一の情報の供給源であった時代には、いわば人間の知的世界そのものが焦点を持ち、骨格の確かな構造を備えていたといえるかと思います。それにひきかえ、次に現われた新聞はいろんなニュースの大小関係を、一応、見出しの大きさや組み方の構成によって教えてくれますが、しかし、ひとつひとつの情報の間の積極的な関係は書物に比べるとあいまいになっています。情報全体の焦点と構造がないといってもいいのですが、これがテレビになるともっとひどくなり、与えられる情報を受け手が自分で整理することさえ容易ではありません。というのは、テレビの情報は時間とともに流れていき、受け手もまた与えられている情報とともに流されていくわけで、それを空間の中にとり直し、大小関係を整理するゆとりがないからです。

また、情報の媒体の面からだけではなく、これを内容の面から考えてみても、少なくとも二十世紀の前半まででは、われわれが最大の価値を置いていた情報はさまざまなイデオロギーでした。世界観といってもいいかと思いますが、これは、われわれの住む世界を、整然としたひとつの全体として説明する考え方で、それ自体が情報としてははっきりした焦点を持っています。キリスト教という宗教的な世界観なら、世界のあらゆる現象を唯一の神の観点から説明し尽すわけですし、また、共産主義という唯物論の世界観も、やはり物質というひとつの観点から世界を整然とした体系にまとめています。われわれがかつて知っていた儒教的な倫理観、あるいは、仏教的な生命観も、すべてそのような内部に構造性と体系性を持った情報であったわけです。しかし、ご承知のように二十世紀も後半になると、大はキリスト教から小は政治のさまざまなイデオロギーに至るまで、世界観と呼べるような情報の影響力は大幅に後退しました。よく脱イデオロギーの時代といいますが、われわれはそのような一元的な世界観に信頼をおかなくなり、その代わりに自分の行動をきめる基準としているものは日々のニュースに移りました。いうまでもなく、ニュースというものは起こった事件を片はしから伝えるものですから、そこに起承転結を含んだ論理的な構造が生まれるはずがありません。そして、いみじくも、世界観は書物によって表現するのがもっとも適当な情報であり、ニュースは新聞やテレビで報道するのにもっとも適した情報なのであって、ここには形式と内容の両面にわたる一貫した時代変化の傾向を見てとることができます。

（明治大学／山崎正和『混沌からの表現』による）

問題　傍線部「現代の情報というのはしだいに断片化し、焦点を失って、全体としていちじるしく明確な構造を欠くという傾向を示しています」とあるが、こうした「現代の情報」と反対なことを述べている部分を十六字で抜き出せ。

難易度　★★★☆☆

正解 内部に構造性と体系性を持った情報

傍線部と「反対なことを述べている部分」を抜き出す問題。「反対なこと？」……なんとなくワンステップぐらい面倒くさそうだけど……まずは傍線部の分析から始めましょう。

傍線部が長い場合、全体を2〜3個のパーツに分けて、一つひとつの対応関係を確認していこう！

（傍線部「イコール系問題」攻略② P.107）

（a）現代の情報というのは ／（b）しだいに断片化し、焦点を失って、／（c）全体としていちじるしく明確な構造を欠くという傾向を示しています。

⇕ ⇕ ⇕

（a）かつての情報 ／（b）組織的に連関する ／（c）明確な構造を持つ

「かつての情報」ですから……「イデオロギー（世界観）」について述べられている第4段落を狙い撃ちで探せば……ありました！「**内部に構造性と体系性を持った情報**」！

スゴ技！ 《記述問題》攻略メソッド！

続いてはお待ちかね、《記述問題》攻略のメソッドを紹介します。国公立大学2次試験対策にも直結しますので、しっかり読み込んでマスターしてくださいね。記述を上手にまとめるポイントは……たったの3つ！**「要素数」「むすび。」「設計図」**です！

①制限文字数から、「要素数」を確認！

「傍線部はどういうことか。四十五字以内で説明せよ。」でおなじみの「制限文字数」ですが、じつはこの数字に、ある秘密のメッセージが込められているのです……！

制限文字数の、15字（～20字）につき、「1要素」を組み込め‼

例えば「六〇字以内」の記述問題ですと、「60」÷15＝「4」。すなわち、この記述問題には《4つの採点基準》が用意されていることを意味します。したがって、**「4要素（4つの内容）」を組み合わせて記述を作ればいいのです。**（国公立型の場合、「20字＝1要素」で計算します。なお制限文字数がない場合、解答欄の大きさから判断します。）

②記述の「むすび。」を確定せよ！

「むすび。」は、記述の「ラスト（着地点）」のことです。設問文をよ〜〜く読んで、「むすび。」を先に確定してください。例えば「なぜ、彼女と付き合っているのですか？」って聞かれたら……ひと言**「好きだから。」**でしょ？「顔がかわいい」とか「性格が優しい」とか「元気をもらえる」とか「ドリブルがエグい」とか、「好きの中身」はあとで足せばいいのです。二十五字の記述だろうと九〇字の記述だろうと、**ラストの「二〇文字ぐらい」を先にバシッと決める！** ここさえ決まれば、半分は正解したも同然です。

③全体の「設計図」を、ある程度まで想定する。

「要素数」「むすび。」と連動して、全体の**「設計図」**を、**先にある程度想定**します。例えば「弁当箱」にご飯やおかずを詰め込むとき、弁当箱よりも大きいハンバーグを焼いたってむだでしょ？　枠の大きさや仕切りの数、詰め込む順番などを、先にある程度まで想定することが、記述を上手にまとめる秘訣です。私大の記述問題の場合、制限文字数はだいたい四〇字前後ですから、**2〜3個のブロック（積み木）を組み立てるようなイメージ**で想定してみてください。

【基本の2ブロック記述（三〇字）】

① **【A／原因】→【B／結果】**

授業の復習を徹底した結果、国語の偏差値が上がったということ。

② **【A／過去】→【B／現在】**

夏まで勉強は夜型だったが、秋からは朝型に変更したということ。

③ **【A／否定】→【B／肯定】**

誰かにやらされるのではなく、自分の意思で勉強に取り組むこと。

↓これらをベースに、設問内容や文字数に合わせて「主語をつける」「〜から。で終わらせる」「3ブロックで組み立てる」など、調整していってください。

【対比型（A〜に対して、B〜）】

あんパンは**あんこ**が入っていて**甘い**のに対し、カレーパンは**カレー**が入っていて**辛い**。

↓対比関係の記述の場合、キーワードがきちんと「反対の関係」になるよう、バランスを取ってください。（キーワードは、なるべく2コずつ入れましょう。）

我々は、例えば機械のような人工物を、単なる道具として使っていると信じている。つまり、人工物を自分のコントロール下に置いていると思っている。エレベータに乗る時は、自分の行きたい場所を目指して、八階のボタンを押す。この時、人は、エレベータを自分でコントロールしていると思っている。しかし、本当にそうなのか。今、人工物はどんどん複雑化している。複雑な機械は、機械が機械を制御している部分がほとんどである。

自動車でも、人は、自分が運転していると思っている。確かに私は、自分の筋力でハンドルを動かしている。だが、実際はパワステなどの補助装置の働きを通じて、自動車は運転者の思い通りに動くように作られている。そして今、ABS（アンチロック・ブレーキ・システム。車輪のロックを防ぎ滑走発生を低減させる装置）やスタビリティ・コントロール（横すべり防止装置）など、運転者の技量を超えて機械（コンピュータも含む）が制御する比重がどんどん高まっている。

それでも、人は、自分が人工物を道具としてコントロールしていると言うことができるのだろうか。

ナイフのような単純な道具について考えてみよう。もし、そのナイフで誤って人を傷つけるようなことがあれば、その責任を負うのは、使用者であろう。誰も「ナイフ」に責任があるとは言い出さないはずだ。

だが、機械制御の比重が高い自動車で事故を起こした時、ナイフと同様、その責任は使用者（運転者）にあると言えるのだろうか。

人工物が単なる道具であれば、デカルト的世界のように、人間（精神）と「もの」をスパッときれいに分け、単純に使用者の責任を問うことができる。だが、人工物が複雑化した現在、人と「もの」との切り分けはできなくなっているようだ。もはや、人は、複雑な人工物を、単なる道具としてはコントロールできなくなってきている。

我々は自動車やスマホなど、様々な人工物に囲まれて暮らし、その恩恵にあずかっている。だが、その実、そういった人工物は、我々の世界に介入し、我々がごく当たり前だと思っていた人間関係、社会制度、法律を、これまでの考え方では理解できないものへと変えている。ネット社会が、世の中を変えているといった言説はたくさんあるが、筆者がここで指摘している変貌は、そういった話とはほとんど関係がない。そして、それよりもっと深刻な問題をはらんでいる。それは、ネット社会のはるか以前から――つまりは、人間が自動車のような複雑な機械を作るようになってから始まっていると考えるべきなのだ。

複雑な人工物に関わる事故が発生しても、その原因も、責任のありかも不透明となる時代――「ソーシャル・アクシデント」の時代の幕開けだ。

（日本女子大学／齊藤了文『事故の哲学』による）

問題 傍線部「人工物が複雑化した現在、人と「もの」との切り分けはできなくなっているようだ」とあるが、それはなぜか。本文中の語句を用いながら、三十五字以内で説明せよ。

難易度 ★★★★☆

我々は、機械のような人工物を、単なる道具として使っていると信じている。

しかし、**複雑な機械**は、**機械が機械を制御している部分がほとんどである。**

人は、自分が人工物を道具としてコントロールしていると言えるのだろうか。

ナイフのような単純な道具 ＝**その責任を負うのは、使用者であろう。**

機械制御の比重が高い自動車 ＝**その責任は使用者にあると言えるのか。**

人工物が**単なる道具**であれば、人間（精神）と「もの」をスパッときれいに分け、単純に使用者の責任を問うことができる。

だが、**人工物が複雑化した現在、人と「もの」との切り分けはできなくなっている**ようだ。

↓「人工物が複雑化した現在、人と「もの」との切り分けはできなくなっているようだ」とあるが、それはなぜか。（三十五字以内）

《なぜ系》の「記述問題」。**「設問解析」で頭を振り絞り、「むすび。」を決めますよ！**

「『人』と『もの』が切り分けられないのはなぜか？」……え〜っと、「人とものが、一体化しているから？」

……イマイチよくわからん。じゃあ、**（自動車など）複雑化した人工物を使うとき、『人』と『もの』が切り分けられない（一体化している）のはなぜ？」**

わかった！！！！ **（人間じゃなく、）機械が制御する部分が大きいから！**

「むすび。」を、「人間が（道具として）コントロールできないから。」とした人は△！「コントロールできない」理由が、「機械による制御の比重が高いから」なのです。

さて今回は**「三十五字」**の記述だから、**「2要素チョイ」**で設計します。となると……

①［主語］＝現代の（複雑化した）人工物は（複雑化した機械は）（2点）
②［Aではなく］＝人間の意識を超え（使用者の責任以上に）（3点）
③［Bだから。］＝機械自身が制御する部分が大きいから。（機械制御の比重が高いから。）（5点）

正解例

現代の人工物は、人間の意識を超え、機械自身が制御する部分が大きいから。（三十五字）
複雑化した人工物では、使用者の責任以上に機械が制御する比重が高いから。（三十五字）

次の文章を読んで、後の問に答えよ。

仲間の承認を得るために自分の本音（ありのままの自分）を抑え、仲間の言動に同調した態度をとり続ける若者は少なくない。仲間の間で成立するコミュニケーションにおいて、リーダー格の人間の気分次第で変化する暗黙のルールを敏感に察知し、場の空気を読み取りつつ、絶えず仲間が自分に求めている言動を外さないように気を遣っている。

このようなコミュニケーションは「仲間であることを確認（承認）しあうゲーム」とも言い得るが、しかしその証は明確な役割や目的によるものではなく、空虚なものでしかない。価値のある行為によって認められるわけでも、愛情や共感によって認め合うわけでもない。それは場の空気に左右される中身のない承認であり、以下、このような承認をめぐるコミュニケーションのことを、「空虚な承認ゲーム」と呼ぶことにしよう。

家族や仲間関係において、相手の愛や信頼に疑いを抱くとき、自分は受け入れられているのかどうか、認められているのかどうか、強い不安に襲われるようになる。そのため、自分の考えや感情を過度に抑制し、本当の自分を偽って家族や仲間に同調し、無理やりに承認を維持しようとする。それはただちに「空虚な承認ゲーム」となり、必ず自己不全感がつきまとう。そして少しでもコミュニケーションに齟齬《そご》が生じ、その関係が行き詰まれば、自己否定感情に襲われ、絶望的な気持ちになるのである。

「空虚な承認ゲーム」が最も目立ったかたちで見られるのは、思春期における学校の仲間関係であろう。かつてこの関係は、親に認められなくとも、「ありのままの自分」を受け入れてくれる安息の場所であった。価値観を共有できる仲間たちと相互に承認しあうこと、それは親の承認という呪縛から逃れる上で、とても大きな意味を持っていた。しかし、いまや思春期における多くの仲間関係は、本音をさらけ出せる場所ではなく、「ありのままの自分」を抑制せざるを得ない閉塞感が漂っている。

（中略）

求められているのは「自分は価値のある人間だ」という証であり、その確証を得て安心したいがために、身近な人々の承認を絶えず気にかけ、身近でない人々の価値を貶《おとし》めようとする。見知らぬ他者を排除することで、自らの存在価値を保持しようとする。たとえそれが悪いことだと薄々気づいていても、仲間から自分が排除されることへの不安があるため、それは容易にはやめられない。そして底なしの「空虚な承認ゲーム」にはまってしまうのだ。

（法政大学／山竹伸二『「認められたい」の正体』による）

問題 傍線部「底なしの「空虚な承認ゲーム」にはまってしまう」とあるが、なぜ底なしで空虚になるのか。その理由を、本文全体の内容を踏まえ、つぎの形式に従って、三十五字以上、四十五字以内で記せ。ただし、読点や記号も一字と数える。

難易度 ★★★★★

［　　　　　　　　］から。

問題 傍線部「底なしの「**空虚な承認ゲーム**」にはまってしまう」とあるが、**なぜ底なしで空虚になるのか。**

その理由を、本文全体の内容を踏まえ、つぎの形式に従って、三十五字以上、**四十五字以内**で記せ。

またしても《なぜ系》の「記述問題」。制限文字数は四十五字以内ですから、「**3要素**」に決定です。しかもよ～～く設問文を読んでくださいよ？ ちゃんと、そのうちの「2要素」がきっちり指定されているじゃありませんか！

(a)「**空虚な承認ゲーム**」は、**なぜ「底なし」になるのか?**

(b)「**空虚な承認ゲーム**」は、**なぜ「空虚」になるのか?**

「**底なし**」は「**限度や際限がないこと**」。「**空虚**」は「**価値や内容がないこと・むなしいこと**」。二つは違う言葉なんだから、きちんと分けて説明しないとね!

（第2段落）「**空虚な承認ゲーム**」＝

……価値のある行為によって認められるわけでも、愛情や共感によって認め合うわけでもない。それは**場の空気に左右される中身のない承認**であり、……

（最終段落）**仲間から自分が排除されることへの不安があるため、それは容易にはやめられない。**そして底なしの「空虚な承認ゲーム」にはまってしまうのだ。

①「空虚」だけど、

②「排除」が不安で

③「やめられない」から。

①「「空虚」の理由・説明」＝（価値や愛情と無関係な／その場の空気で左右される）**中身のない承認でしかないのに**（4点）

②「「底なし」の理由」＝**仲間から自分が排除されることへの不安があるため**（3点）

③「「底なし」の説明」＝**それは容易にはやめられない**（から。）（3点）

正解例

場の空気に左右される中身のない承認なのに、仲間から排除されるのが不安で容易にはやめられない（から。）（四十五字）

愛情や存在価値で結ばれているわけではないが、そこから排除される不安を克服することはできない（から。）（四十五字）

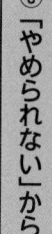

9
時間目

「攻略テク」でいよいよ完全体へ！

いよいよ『私大スゴ技』も大詰めを迎えようとしております。9時間目は前半で、傍線部や空欄補充以外の、いわゆる**「特殊タイプ」の設問攻略テクニック**を一挙公開。ラスボス戦に向けて、最後の準備を整えましょう。後半では、「第1ボス（東洋大学）」の逆襲《リベンジ》と、さらに手ごわい**「第2ボス（法政大学）」**が襲来！　ここまでに培った技術と知力できちんと迎撃してください！

スゴ技！ 「特殊タイプ①」「脱文挿入問題」攻略テクニック！

「脱文挿入問題」は、**抜き取られた文（脱文）が、元々は本文のどこにあったのかを探り当てるゲーム**で、早稲田大学や明治大学をはじめ、私大入試では頻出度の高い設問です。

残された手がかり（＝脱文）から、犯人のアジト（＝正解の箇所）を突き止める……さあ、君はこの謎を解くことができるかな？　真実はいつも一つ！　でも攻略テクは二つ！　ついでにオマケのスゴ技が三つ！

①「キーワード（＝話題）」から、エリアを絞り込む！

脱文を線引きし、**特徴的な「キーワード」**をチェックします。例えば、脱文中に「パイナップル」というキーワードがあるとすると、脱文は本文の**「パイナップル的な話題」のエリア内に入る**と考えます。要するに、**「キーワード（＝話題）」から、正解のある程度の位置を推測する**のです。

②脱文の「直前（直後）」の内容を、具体的に推理する！

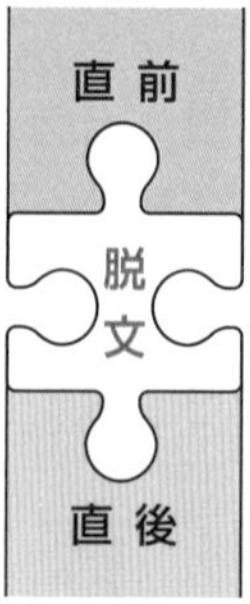

「脱文」をしっかり読んで、その**「直前（あるいは直後）」の内容を具体的に推理**します。とくに、脱文内に**「指示語」「接続語」**がある場合は要チェックです！）

そして、推理した内容から「脱文」の正確な位置を確定していきます。

「脱文挿入問題」の法則・禁則

①「イチゴ」×パイン「イチゴ」の禁則！

＝「同じ話題（イチゴ）」の途中に、「別の話題（パイン）」が一文だけ入ることはない！

「（直前）商店看板は……身振りの優雅さをもっていた。」×（脱文）なお、パイナップル生産量第一位の国はコスタリカである。「（直後）それは優雅な挨拶といってもよいものであった。」

②イチゴ／タルトの法則！

＝脱文が、前半／後半のキーワード（イチゴ／タルト）の分岐点になることがある！

「（直前）イチゴのスイーツ全般の話」（脱文）イチゴを使ったスイーツの中でも、私は「イチゴタルト」が一番好きである。「（直後）『イチゴタルト』の具体的な説明。」

③「パイン」＝パインの法則！

＝脱文に指示語も接続語もない場合、「直前」と「脱文」は、ほぼ同内容だと考えよ！

「（直前）私は、ピザや酢豚に入っている、熱々のパイナップルの存在を認めることができない。」
（脱文）パイナップルは、冷やしてデザートとして食べるべきだと、私は考えているのである。

スゴ技！ [特殊タイプ②]「段落分け問題」攻略テクニック！

「段落分け問題」は、**本文全体を大きく2つ（3つ・4つ）に分ける設問**です。ここでは基本の、「2つ（前半／後半）」に分けるケースで方法論を勉強していきます。

①「第1段落」と「最終段落」から、内側に向けて探索！

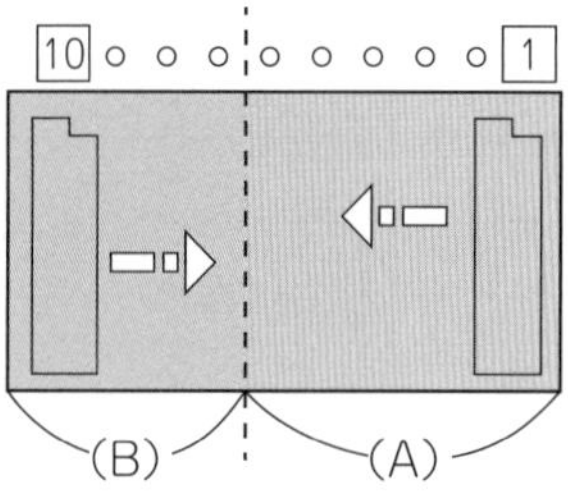

前半を『（A）ブロック』、後半を『（B）ブロック』としましょう。

「第1段落」は確実に『（A）ブロック』ですし、**「最終段落（仮に第10段落とします）」**は間違いなく『（B）ブロック』ですよね。

両段落をスタート地点として**内側へ向かって読み進め、それぞれ特徴的な「キーワード（＝話題）」を回収していきます。**

②（B）ブロックの「キーワード」の、出現地点を押さえる！

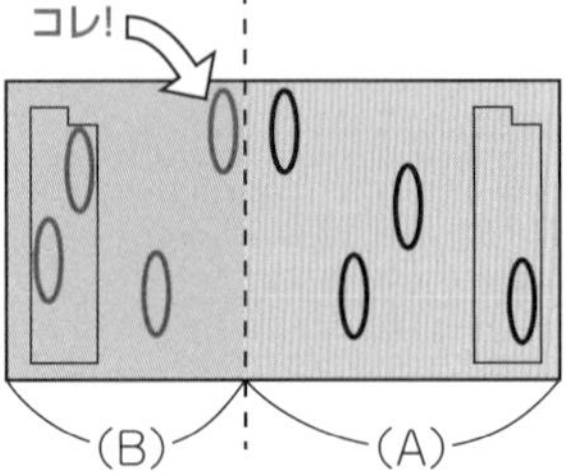

例えば、『（A）＝沖縄の歴史』『（B）＝パイナップルの話』だとしましょう。評論で大きく段落が分かれるということは、**「話題（テーマ・キーワード）」が変化する**ということです。

したがって「段落分け問題」の場合、**後半（B）のキーワード**（＝パイナップル）**の出現地点**を押さえれば、段落の切れ目がわかります。なお、前半（A）のキーワード（＝沖縄）は、後半でもチラホラ登場する可能性があるので、これで判断するのはちょっと危険です。

全体を大きく3つ、4つに分けるケースも基本は同じで、**「キーワード（話題）」の変化を意識して、本文全体を大きく捉えてください**。「接続語」とか「具体例」でセコセコ切ろうとすると、だいたい失敗するからお気をつけくださ〜い。

スゴ技！

【特殊タイプ③】「タイトル問題」攻略テクニック！

最初から最後までを〝ジャストサイズ〟で包むものを選べ！

(a)「**クリ**を拾っていたら、上からイガグリが降ってきてイテテ！」

(b)「**松茸**《まつたけ》を買おうと思っていたが、高過ぎるからエリンギで妥協！」

(c)「**焼きいも**を食べ過ぎたので、お尻からのガスが止まりませぬ！」

(d)「たいへんだ！　夕飯の**サンマ**をネコが奪って、現在も逃走中！」

……右の内容の「タイトル」として、最適なのはどれ？

「タイトル（見出し）」は、**本文の最初**《あたま》**（第一段落）から最後**《おしり》**（最終段落）**までを、ジャストサイズで**包み込むもの**がベストです。例えばこの場合ですと……

◎①**『秋のごちそう』**――最初から最後まで、ピッタリのサイズでしょ？

×②**『エリンギの夜』**――部分的過ぎるから、限定で×。

×③**『ネコが真犯人』**――結論もタイトルとしては不適。ネタバレになっちゃう。

×④**『人類の暮らし』**――デカ過ぎ。この見出しならもっと違う内容になるはず。

スゴ技！

【特殊タイプ④】「正誤問題」攻略テクニック！

「本文の内容と合致するものを1、合致しないものを2と、それぞれ記号で答えよ！」

全受験生が苦手だと感じている、恐怖の最終問題。……だって、面倒くさいもんね！

①「線引き」の段階から準備せよ！

例えば、立教大学では毎年必ず「正誤問題」が出ます。だったら、**それを念頭に置いて「線引き」するの**が、正しい「傾向と対策」です。そして、《どこに何が書いてあるのか？》……「**ワーキングメモリ**」をしっかり駆使して臨みましょう。

②選択肢の「△」ポイントを絞り込め！

もしこの選択肢が間違っているとすれば、どこか？ あやしい「△」ポイントを絞り込み、それを本文で確認します。（選択肢パターン**「断定型」「限定型」**は頻出！）

「正誤問題」に、近道はありません。**キミがどれだけ面倒くさい作業を、要領よく粘り強く頑張れる人間なのか（＝情報処理能力）**を、大学は試しているのです。

ミッション 25・26

5時間目の文章（P.85〜88　東洋大学／中村良夫『風景学入門』）をもとに、後の問に答えよ。

制限時間 6分

【ミッション 25】

問1　本文中のある段落の末尾には、次の一文が脱落している。どこに入るのが最も適切か。入るべき箇所の直前の六字を抜き出して書け。（句読点も字数に含む）

難易度 ★★★☆☆

都市と人の付き合いにおいても同じことだといえないであろうか。

【ミッション 26】

問2　本文を大きく二つの部分に分けるとすると、後半はどこから始まるか。後半部分の最初の六字を抜き出して書け。（句読点も字数に含む）

難易度 ★★★★☆

正解 問1 表情である。 問2 商店看板の祖

問1 脱文は「**『都市』と『人』の付き合い**においても**同じことだ**」ですから、直前の内容は「**『何か』と『何か』の付き合いでは、〇〇だ!**」という形式になるはずです。したがって、第2段落末尾「**人間どうしの付き合いで人を最後に動かすのは相手の顔の表情である。**」の直後がビンゴ! 直前の六字ですから、正解は「**表情である。**」となります。

問2 段落分け問題は、**前半・後半の「キーワード（＝話題）」を押さえる**のがポイントでしたね。前半のキーワードは……第2段落の「**挨拶**」! 後半のキーワードは……最終段落の「**約束**」! 押さえられたかな? 分岐点は、**後半のキーワード「約束」の出現地点**がポイントになりますから、正解は第6段落「**商業看板の祖**」となります。ちなみに、後日図書館で調べたところ、この本文の「**タイトル（見出し）**」は「**挨拶と約束**」、でした! やはり『私大スゴ技』の方法論は、完璧ですね〜!

第1ボス（東洋大学）の逆襲は、無事に跳ね返すことができたかな? ……おっと、休む間もなく第2ボス（法政大学）襲来! これまで培ってきた技術《メソッド》を信じて、完全勝利を目指しましょう!!!

次の文章を読んで、後の問に答えよ。

枯れやすさと種子のできにくさ。常識的に見れば、これは生物としての弱さを意味する。人間の手を借りないと存続していけない桜。そこに根源的な気持ち悪さを見出す語りが出てくるのも、無理はない。しかし、だからといって、ソメイヨシノが人工的で不自然だという、よくある結論に飛びつくのはおかしい。重要な点を二つ見失っている。

一つは地域差である。南関東の海沿いでは枯れにくく、それ以外では枯れやすいとすれば、ソメイヨシノ自体が不自然なわけではない。不自然なのは、本来の生育環境の外へ連れ出した人間の方である。なのに桜そのものの性質として不自然さを発見するのは、人間の働きかけの結果を自然の属性にすりかえるものだ。

そもそもソメイヨシノにとって日本が一つの均質な環境であるとはかぎらないのだ。それを無視して日本とソメイヨシノの関係が論じられてきたのは、「日本」という「一つの空間」「一つの自然」があると強く信じてきたからである。その単一性と均質性の通念が部分的にせよソメイヨシノの普及によっているとしたら、①ソメイヨシノの不自然さを発見する営みは実に奇妙なふるまいだといえよう。

同じことは他の桜にもあてはまる。例えば、ヤマザクラは寒さと潮風に弱い。［ア］、京都や吉野など西日本の内陸部向きで、沿岸部や東北地方には不向きな桜なのだ。海沿いの平野や東北に人が多く住むようになるのは戦国〜江戸時代からである。だから、江戸時代より前にはヤマザクラが目立つが、江戸時代以降はオオシマ系の八重桜、そして明治以降はやはりオオシマを親にもつソメイヨシノが目立つようになる。

それは人間の住み方に大きく対応しているのであって、桜を愛する心どうこうの話ではない。むしろ京都や奈良の人が海沿いや寒い土地に住む人に「ソメイヨシノは俗悪で、ヤマザクラこそが美しいのに」という方が乱暴だと思う。平安時代、つまり平安京＝京都という西日本の盆地を首都にもつ社会でヤマザクラが愛好されたのと、江戸時代以降の、江戸（東京）という東日本の海沿いを首都にもつ社会でオオシマ系の桜が愛好されたのは、同じくらい自然なことである。気候のちがいを無視して、あらゆる土地にソメイヨシノを植えようとするのと、気候のちがいを無視して「日本の桜は本来ヤマザクラ」と断言するのは、②どちらも同じくらい自然環境を見ていない。

「日本の自然」は一つではない。正確に言うと、一つかどうかは、どの生物の視点で見ているかによってちがう。特定の地域の人間が特定の生物だけで「日本の自然」を論じるのはおかしな話で、それはただ観念をもてあそんでいるにすぎない。そういう倒錯が起こりやすいのも、桜ならでは、である。

もう一つは、自然／人工という考え方そのものである。ソメイヨシノの拡大にはさまざまな形で人間が関わっている。ソメイヨシノは枯れやすく、種子もできにくい。にもかかわらず、日本の桜の八割を占めている。その意味で、ソメイヨシノの風景はきわめて［A］なものだ。だから［B］だ、と人間は思う。

だが、これは全く逆の方向からも見ることができる。ソメイヨシノが日本の桜の八割を占めているという事実こそ、この桜が③現状で十分成功している証拠ではなかろうか。ソメイヨシノはたしかに枯れやすく、種子もできにくいが、そもそもソメイヨシノには枯れにくかったり、種子もたくさんつくったりする必要があるのだろうか。

病気が蔓延すれば、人間の方が「桜を救え！」と騒ぎたてて、いろいろ対策を講じる。種子ができなくても、人間の方が勝手にクローンをつくってあちこちに植える。何もしなくても、人間がやってくれる。もっと考えを進めれば、この「人間の方でやってくれる」ということ自体がソメイヨシノのなせる業ではないのか。人間はソメイヨシノにいろいろやってあげているつもりでも、結局、ソメイヨシノにいいように使われているだけではないのか。病気への対策にしても、環境への適応にしても、個体の増殖にしても、そうである。ソメイヨシノの普及に人間が深く関わっているというより、本当はソメイヨシノが人間をうまく使って繁栄してきたのではないか。

「人間を使って」というのは［イ］にすぎないが、論理的に考えても、人間にとってソメイヨシノは環境の一部だが、ソメイヨシノにとっては人間が環境の一部である。その環境の一部である人間に、ソメイヨシノはきわめてうまく適応している。適応の成功を個体数の多さで測るとすれば、疑問の余地なく、大成功をおさめた桜だ。ソメイヨシノは［ウ］わけでもなく、不自然なわけでもない。むしろ、人間という環境にうまく適応した点で、きわめて強い生物なのである。ソメイヨシノの不自然さをいいたてる人はしばしば「自然との融和」とか「調和」という自然観を唱える。けれども、それは本当は、強烈な人間中心主義者になってしまっている。

（法政大学／佐藤俊樹『桜が創った「日本」』による）

【ミッション27】「空欄補充問題」を攻略せよ！

問1 文中の空欄［ア］～［ウ］に入る最も適切なものを、それぞれ語群a～gの中から一つ選べ。

難易度 ア ★☆☆☆☆　イ ★★★★☆　ウ ★★★☆☆

ア
a しかし　b あるいは　c にもかかわらず　d 加えて
e そのうえ　f ただし　g つまり

イ
a 理想化　b 擬人化　c 感情　d 結果
e 動詞化　f 通念　g 適応

ウ
a 美しい　b 上手な　c 枯れやすい　d 人工的な
e 弱い　f 理想的な　g 均質な

問2 文中の空欄［A］と［B］に入る組み合わせとして最も適切なものを、つぎのa～fの中から一つ選べ。

難易度 ★★★☆☆

a A—全国的　B—大衆的　　b A—全国的　B—人工的
c A—不自然　B—大衆的　　d A—不自然　B—人工的
e A—人工的　B—大衆的　　f A—人工的　B—不自然

【ミッション28】「傍線部問題」を攻略せよ！

難易度 ★★★☆☆

問3 文中の傍線部①に「ソメイヨシノの不自然さを発見する営みは実に奇妙なふるまいだといえよう」とあるが、その理由として最も近いものを、つぎのa〜eの中から一つ選べ。

a 人間がソメイヨシノを本来の生育環境である地域の外に連れ出して、合わない環境にも植えてしまったことによって、ソメイヨシノが枯れやすい状況が生まれたにもかかわらず、それを不自然だとみなすのは理に合わないから。

b 「日本」という「一つの空間」「一つの自然」は本当は存在しないのに、それがあるという通念に基づいてソメイヨシノの枯れやすさを発見するのは事実を正しく見ておらず、不適切なものの見方だから。

c 日本には単一で均質な自然があると信じた人間の働きかけの結果を、日本中に普及したソメイヨシノの枯れやすさという属性にすりかえているのは不当な主張だから。

d ソメイヨシノの普及が、日本には単一で均質な自然があるという通念を生んだ一因であるにもかかわらず、その通念に基づいてソメイヨシノが現状で示す性質を不自然だとみなすのはおかしいから。

e 日本には単一で均質な自然があるかのような通念がソメイヨシノの日本中への普及をうながし、またその通念が同時に、日本という一つの空間があることを強く信じさせてきたのはどちらが先ともいえないから。

問4 文中の傍線部②に「どちらも同じくらい自然環境を見ていない」とあるが、どのような意味か。つぎのa～fの中から最も近いものを一つ選べ。

難易度 ★★☆☆☆

a 気候のちがいを無視してあらゆる土地に同じ品種の桜を植えようとすること。
b ソメイヨシノが本来の生育環境の外では枯れやすいことをもって不自然だと決めつけること。
c 時代によるちがいを無視して日本の桜とは何かを論じようとすること。
d 日本の自然が単一で均質なものだという観念や通念に囚われた言動をすること。
e 人間の働きかけの結果を自然の属性にすりかえて、自然本来の姿を捉えようとしないこと。
f 観念としての桜だけを大切にし、実際に咲く桜のありのままの姿や品種ごとの特性を見ようとしないこと。

問5 文中の傍線部③に「現状で十分成功している証拠ではなかろうか」とあるが、何に成功しているのか。つぎのa～fの中から最も近いものを一つ選べ。

難易度 ★★★★☆

a 個体数の多さ　b 環境への適応　c 個体の増殖
d 病気への対策　e 自然との調和　f 枯れやすさの克服

【ミッション29】「正誤問題」を攻略せよ！

難易度 ★★★★☆

問6 つぎのa〜gの中で、本文の内容と合致するものを1、合致しないものを2と、それぞれ記号で答えよ。

a 病気に弱くても、種子ができにくくても、人間がいろいろと対策を講じてしまうこと自体、ソメイヨシノのなせる業だといえる。

b 江戸時代より前にはヤマザクラが目立ち、江戸時代以降はオオシマ系の八重桜、明治以降はソメイヨシノが目立つようになるが、これは桜を愛する心が変化したことを示している。

c 「日本の桜は本来ヤマザクラ」と断言する京都や奈良の人は、強烈な人間中心主義者といえる。

d 桜には、生物によっては日本の自然は一つではなく地域差が存在するという事実を忘れさせ、日本があたかも一つの自然であるかのような考えを生み出しやすいところがある。

e ソメイヨシノが日本の桜の八割を占めるようになったのは、人間による度重なる品種改良により、枯れやすさを克服し、環境にうまく適応したからである。

f 自然／人工という分け方自体が不適切であり、多くの自然に人間の手が入っている以上、ソメイヨシノだけが特別に人工的管理を施されているわけではない。

g 常識的に見れば生物として弱いと思えるソメイヨシノだが、だからといってそれを不自然だとみなすのは、「日本の自然」という観念をもてあそび、人工と自然を分けたがるゆえのことでしかない。

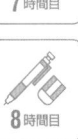

問1 ア

「ヤマザクラ」＝寒さと潮風に弱い ア 京都や吉野など西日本の内陸部向き
＝沿岸部や東北地方には不向きな桜

全部「イコール関係」で連鎖しています。空欄アは、要約のg「つまり」でOK。

問1 イ

……本当はソメイヨシノが人間をうまく使って繁栄してきたのではないか。
「人間を使って」というのは イ にすぎないが、論理的に考えても……

空欄補充問題では、**必ずちゃんとした根拠があるものしか選んではいけません！**「ソメイヨシノが人間を使う＝擬人法」ですから、b「**擬人化**」が正解。さらに「擬人化」は「詩的な表現技法」ですから、直後の「論理的」との対比関係も成立します。

問1 ウ

ソメイヨシノは ウ わけでもなく、**不自然**なわけでもない。むしろ、人間という環境にうまく適応した点で、きわめて**強い**生物なのである。

d・eの二択ですよね。「不自然な」との並立関係で考えれば、d「人工的な」だし、「強い」との対比関係を優先すれば、e「弱い」です。正解は……e「**弱い**」でした！　そもそも、ここに「弱い」を入れないと全体のバランス（⇔「強い」）が取れないし、何よりソメイヨシノは「人工的だけど、不自然じゃないし、強い」のです。「整形してるけど、不自然じゃなく、美人だ」みたいな。ポイントは、この本文では「不自然（「自然」じゃない）」は悪口（－）だけど、「人工的」は悪口ではない、ということです。

問2　もう一つは、自然／人工という考え方そのものである。
ソメイヨシノの風景はきわめて［A］なものだ。だから［B］だ、……

この段落の主題は**自然（＋）／人工（－）という考え方**ですから、正解は、d・fの2択に絞られます。では、「不自然」「人工的」、どっちが先か？　この考え方では、**「人工的」なものは、すべて「不自然」**と言えますが……**「不自然」なもの（～な表情・～な態度）がすべて「人工的」とは言えない**ですから、f「A―人工的／B―不自然」**が正解！**

正解 問3 d　問4 d　問5 b

問3

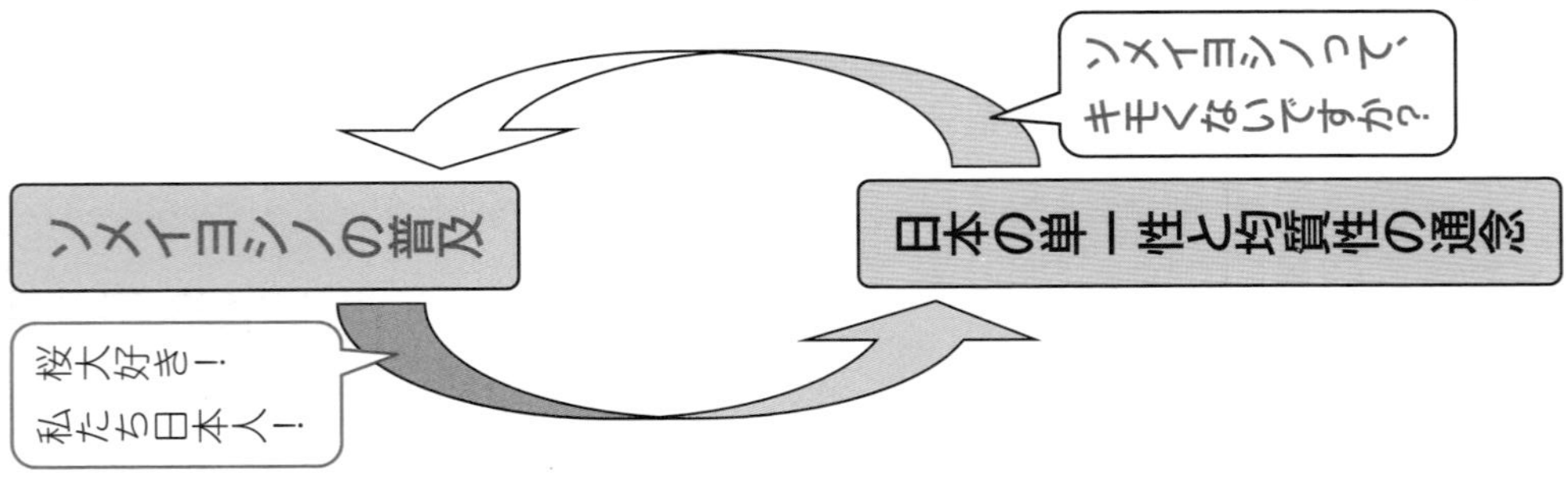

日本全国に「ソメイヨシノが普及」したことで、**日本全体がなんとなく「単一で均質な空間だ」というイメージ**が育ちました（「桜前線」は、まさにその象徴ですね）。でも、寒い場所・暑い場所・風の強い場所ではうまく育たず**「ソメイヨシノって、キモい植物だなあ！」**なんて悪口を言う人が出てきたんですけど……それっておかしくないですか？　という内容です。この構造を過不足なくまとめている、**dが正解**でした！

問4　（A）**気候のちがいを無視**して、あらゆる土地にソメイヨシノを植えようとする人
（B）**気候のちがいを無視**して、「日本の桜は本来ヤマザクラ」と断言する人

（A）タイプの人と、（B）タイプの人の共通点は、**「気候のちがいを無視しているところ」**、ですね。あとは、選択肢との勝負！　いってみよう。

aは、（A）タイプに限定で×。bは、どちらのタイプでもない、「反ソメイヨシノ派」なので×。cは「時代によるちがいを無視して」が×。「気候」のちがいを無視しているのです。dは**「日本の自然が単一で均質なものだという観念や通念に囚われる」**＝**「日本全国の気候のちがいを無視している」**◎、さらに「言動」＝**「（A）あらゆる土地にソメイヨシノを植える＝【動】！／（B）日本の桜はヤマザクラと断言する＝【言】！」**

……ズバリの要素をご丁寧に言い換えた、完璧な正解です◎。eも第2段落にある、一般的な「反ソメイヨシノ派」の説明なので×。fは「観念としての桜だけを大切にし」という前提が×。「観念」は「イメージ」です。（A）も（B）も、それぞれ実在の桜（ソメイヨシノ／ヤマザクラ）を大切にしています。

問5 ソメイヨシノが日本の桜の**八割を占めている**という事実こそ、この桜が③現状で**十分成功している**証拠ではなかろうか。

↓**何に成功しているのか?**

これはなかなか面白い問題ですよ。正解の候補は、a「個体数の多さ」、b「環境への適応」、c「個体の増殖」の3つですよね。ちなみに、d「病気への対策」と、f「枯れやすさの克服」は、限定で×。e「自然との調和」は……そもそも桜は自然なので×。それでは改めて、傍線部③前後の関係を整理していきます。

ソメイヨシノが日本の桜の八割を占めているということは、単純に「数が多い」ということ。「数が多い」のは、**何に「成功」した**証拠でしょうか。すなわち、うまく環境に適応した証拠なのです。ということで、**正解はb「環境への適応」**。aやcでは、「数が多いのは、数が多い証拠である」なんておバカな理論になっちゃいます。

ちなみにこのような「A＝A」、「あくまでも、キミはキミだ」とか「規則は規則だから」、なんて表現を、トートロジー（同語反復）といいます。おかしいといえば、おかしい表現ですよね。

正解
問6 a 1 b 2 c 2 d 1 e 2 f 2 g 1

問6

それでは最後の正誤問題。一つずつ確認していきましょう。

aは1◎。これは第9・10段落の内容と合致しています。

bは2×。第5段落にあるように、桜の人気がヤマザクラから八重桜、ソメイヨシノと移行したのは、「桜を愛する心が変化した」のではなく、「人間の住み方」、すなわち政治や文化の中心地が移動したことが原因です。

cは2×。最終段落にあるように、「人間中心主義者」とは、人間の視点を軸に自然を捉える考え方です。cの人はどちらかというと、「奈良中心主義者」ですね。

dは1◎。これは第3段落、第6段落の内容と合致しています。

eは2×。「枯れやすさを克服し」が×ですね。傍線部③の前後にもありますように、枯れやすくても人間が勝手に対策を講じてくれるので、克服しなくてもいいのです。

fは2×。「自然／人工という分け方自体が不適切であり」は、さすがに言いすぎでしょう。断定で×。

gは1◎。これは第6段落の内容と合致しています。

おつかれさまでした！　いよいよ次回はラスボス戦！　ここまでをさら〜っと復習し、最終決戦に臨んでください。

10 時間目

「ラスボス」を討伐せよ！

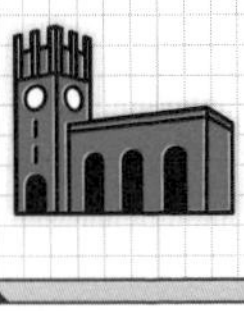

フフフフ……ようやくたどり着いたようだね。きみの到着を、9時間も待っていたぞ。本書で学んだ技術や知識を習得できているのかどうか、ここで試させてもらおう！

最後の敵は、明治大学［政治経済学部18（一部改）］。相手にとって、不足はないね？

本文は結構長いけど、速読法を意識しつつ、しっかり「線引き」していこう！

設問形式は、「接続語問題」「空欄補充問題」「傍線部問題」「記述問題」「脱文挿入問題」

……っておいおい！　キミの大好物ばかりじゃないか！

ここまで学んだ設問攻略メソッドを駆使し、最高のパフォーマンスを見せてくれ。

制限時間は25分。これは明治大学の実際の入試でかけられる時間である。

そして、50点満点中、40点以上で合格！

そろそろ準備はよいかな？　最終ミッション「ラスボス」を討伐せよ！　……いざ、出陣！

ミッション 30

次の文章を読んで、後の問に答えよ。

制限時間 25分

ポール・ヴェーヌが言うようにスポーツは「現実の模倣」ではない。古代の競技は、戦争の模擬であったかも知れない。スポーツの前身となる身体活動はさまざまな文化にあったにちがいない。しかし、現実にどんな身体活動があろうと、スポーツはそれを模倣して遊戯化したものではない。格闘的スポーツでさえ現実に殺し合う戦闘の模倣ではなく、身体行為は隅から隅まで「ゲームの規則」によって人為的に構成されている。スポーツは合意されたルールに従うことを合理的と見做す点では、典型的に規範的社会のモデルである。変化するから歴史はあるが自然的な根拠はない。勝敗はあくまでこのゲームのなかでの結果としての優劣でしかない。

ボールを蹴る遊戯、ときには随分荒っぽいフットボールのゲームは、イギリスにおいても中世以来存在した。しかし一定の広さの競技場を限定し、その両端に規定の大きさのゴールをおき、選手の数を定め、ある一定の試合時間内にそのゴールにボールを蹴り込んだ得点の差異によって勝敗が決まると決めたそのときから、はじめて中世フットボールは近代「サッカー」というゲーム、スポーツに生まれ変わった。同じことは野球でも言いうる。攻撃側の選手がベースを一巡してホームに入ると得点になることも、規則以外の根拠をもたない。われわれはこうした規則にしたがった身体的なゲームをスポーツと呼んでいるのである。スポーツは自然に根拠をもたないだけではない。スポーツ発生以来のアマチュアリズムという思想も、あながち無意味であったのではない。その遊戯性という視点から見ると、スポーツが原理的には実質的に社会に利害をもたらすものではないことのイデオロギー的表明がアマチュアリズムであったのである。[a]それは実益の時間外の時間、余暇での営みだったのである。スポーツをこうした人為的な遊戯として解読するには記号論モデルが有用になる。

スポーツについての記号論的分析は、簡単にいうと規則（ルール）とゲームというふたつの領域に向けられうるのである。ある一組のルールによって、ボールゲームも、格闘技も、ランニングも成り立つ。ルールとゲームの関係は、言語におけるラング／パロール、通信理論におけるコード／メッセージの関係とほぼ等しい。しかしここでは言語モデルに言及する必要はさほどない。ここで問題なのはスポーツである。ルールは永遠不変のものではないし、同じルールに従ったとしても、決して二度と同じゲームが成り立つことはない。ゲームの遂行（パフォーマンス）は多様である。われわれが興味深く感じるのは、スポーツのゲームは偶発的な要素を多分に含み、こちらの意図どおりにはならない相手の存在との関係がそこにあるからである。だから解明すべきは、とりあえずはルールとゲームの関係ではなく、[A]による[B]の*タイポロジーであり、[C]の次元としては、それを[D]に還元するのではなく、どのような競争的関係としてゲームが編成されるかである。

しかしゲームとルールの関係はそれほど固定されてはいない。哲学者ヴィトゲンシュタインは、ゲームとはなにかを言うことは困難であると、われわれに注意を喚起している。彼によると、人びとはボールを投げっこする――

このとき誰かがいう。この全時間を通じて、人びとはボールゲームを行っているのであり、それゆえボールを投げるたびに一定の規則に準拠していることになるのだ、と。でも、われわれがゲームをするとき――（やりながら規則をでっち上げる）ような場合もあるのではないのか。また、やりながら――
[X]場合もあるのではないか。

これはよく知られている彼の『哲学探究』のなかでのゲームについての考察のごく一部分である。ゲームは規則に基づいている。しかし規則／ゲームという関係は確実なものではない、ゲームにはとりあえずのルールでは判っていない要素があり、そのためにその規則を変更しないわけにはいかないゲームは考えにくい、と彼は言っているのである。これを言い換えると、スポーツが現象するのはルールとしてではなく、ゲームとしてであり、ゲームにはゲームとしての不確かさ、ないしは未知の要素がある。人間の活動はすべてゲームとみなすことができるが、ゲームの創造性は、その遂行に依存している。

[b]ゲームとはルールを使用することだとは言いうる。しかしルールの次元とゲームの次元とではちがった原理が作用している。ルールとは抽象的な体系であり、ゲームとは現実態である。ルールでは個々のゲームの遂行を説明することはできない。われわれはサッカーでも、テニスでも、そのスポーツについてはあたかも決定的なルール（規則）があるように思い、ゲームはそれによって成り立っていると考えがちであるが、ゲームは偶発的要素を多分に含み、さらにゲームの遂行は、戦術的な身体活動という修辞学的レベルにある。もともとは長いキックであったはずのコーナーキックを短いパスにしたり、やり方をいろいろ変更することはいく

らでも起こりうるのである。ルールにはゲームの本質をなす[1]修辞学は含まれてはいないのだ。

スポーツの記号論はゲームにまつわるさまざまな問題を喚起する。 C 人間の活動に本来的な創造性である。一応はコードに沿いながら、決して同一の活動をしないのである。ゲームはつねに新鮮なパフォーマンスである。それがスポーツのゲームなのである。ルールの使用、つまりゲームは決して単一のパターンの反復ではなく、多様である。したがって、どんなに厳密な規則があろうと、それに従った人間の行為とは機械的に反復されるものになるのではない。どんなスポーツでも同じゲームの進行は二度と見ることはない。このことは言語学者ノアム・チョムスキーが『デカルト的言語学』で述べたように、人間の言語行為にそなわる創造性は規則の機械的反復を超えるという主張と一致する。同じことはスポーツのルールと発生するゲームの場合にも言いうるのである。スポーツが面白くもあれば、詰まらなくもあるのは、こうした人間活動として見たゲームの創造性の度合いによるのである。ヴィトゲンシュタインやチョムスキーは、ルールと、それにもとづくがつねに別の規則（あるいは未知のもの）によって成立するゲームの遂行についての根本的な問題を語ったのである。そのことは直接的にはスポーツを論ずる問題ではないかもしれないが、スポーツはルール／ゲームの関係だと、形式的に理解してすませてしまわないために記憶しておかねばならないことだろう。

たしかにスポーツの記号論モデル（タイポロジー）を構成するのはルール（つまりコード）である。ここではスポーツのルールが、いわゆる伝統的な文化の象徴的体系に属するのではないこと、それはある意味で近代なくしては成り立たなかったことなどを指摘しておこう。

あるスポーツがゲームとして成立するのは、どこでも、だれでもが理解できるし、概ね守ることのできるコードを基盤にしていることが条件である。国家を超えて選手が流入したり、文化の差異を超えて、試合が成立するとなると、文化の差異にこだわってはスポーツが成り立たない。たしかに同じスポーツでも文化によってあるスタイルの違いはある。イギリスのサッカーには多少とも荒っぽさがあり、オーストリーのは多少とも優雅であるとか、中南米は個人技が目だつとか言われている。しかしそれはルールには関係しない。ゲームのスタイルの差異である。ルールの方は世界的に共通し、文化的には中性的なコードになっていく。個々の文化に閉じた身体技法や儀礼には、その文化にそってしか理解できない慣習的意味がある場合が少なくない。 d 現代のスポーツのルールは、もはやこうした固有の文化に閉じた象徴的意味はない。この本来的な無意味さは、閉鎖した個々の文化の意味体系を洗い流した結果である。そうしたローカルな意味に代わって、コードが世界的、普遍的な視野のなかで構成されるからである。コードがこうした認識の地平で成立するからこそ、スポーツに記号論モデルを想定しうるのである。[2]この地平をわれわれは近代と呼んできたのである。

よい例がエスニックな競技が国際的なスポーツになる過程に見られる。この場合、スポーツのコードのエスニシティはいわば漂白されねばならない。たとえばかつてはエスニックなスポーツであった柔道が世界的なスポーツに変身していった過程で、そこに含まれているナショナルな精神的伝統つまり非近代的な文化の残滓を払拭しなければならなかった。そのとき体重制、点数制などが導入されてゲームのコードは変化した。同じエスニックなものでもそれが不可能な場合もある。ほとんど古典芸能に近い相撲の場合はそういかなかった。そのために逸材としてスカウトしてきた外国人を相撲の世界に内部化し、ときには帰化させ、外部にたいしてはエスニックなスペクタクルとして存続する道を見つけたのである。

スポーツは身体活動からなるとはいえ、その記号論モデルは文化のモデルであっても、決して自然に根づかない。あるスポーツのゲームの遂行は、そのコードを尊重するかぎり合理的でなければならない。これに反するものは罰則を課せられる。だがあるスポーツでどうして足は使ってもいいが、手はいけないのか。それにはなんの自然的な根拠もない。たしかにいくつかの原型的なスポーツには、先行した形態があったと言いうるかもしれない。しかし記号論モデルとして検討するかぎり、もはやそれは自然に依拠するものではない。コードはゲームの持続する時間、ゲームの行われる空間の限定、選手の数、勝敗が決まる方法など、ゲームの成立と進行を決めるいっさいのものを含んでいる。どんなスポーツもコードの束である。コードを変更すると、スポーツは別のスポーツを生む。

コードの機能とは、まずスポーツのタイプを決めることである。ゲームがコードにしたがって進行するというより、ゲームのタイプ（記号論モデル）がコードによって構成されるのである。ルールによってスポーツは完全に「現実の模倣」から脱するのである。しかし実際のゲーム、パフォーマンスの展開は、記号論的に言えば修辞学によるわけで、その展開に観客はエキサイトするのであって、コードにエキサイトすることはない。しかしコードによって展開するゲームがどんなにアナログ的多様の世界であっても、勝敗という結果はつねにコードによってディジタルな次元に還元されるのである。[3]スポーツとはアナログかつディジタルなゲームであり、しかも勝敗＝ディジタルが最後に浮かびあがってくるゲームなのである。

記号論モデルとしてスポーツを考えてくると、プロレスは実に興味深い。すべてのスポーツのなかでプロレスのゲームのみが修辞学的に「現実の模倣」を目指している。つまりあたかもどちらかの死に到る闘争であるかのような展開をする。プロレスをやるにはそれなりに超人的な肉体的条件は必要である。その肉体の衝突によって遊戯としてのスポーツの限界を超えるように見えることが必要なのである。その時、この格闘は、あらゆるスポーツが偶然にとみながら、全力を注いで目指している勝敗を脱意味化し、スポーツが洗いながしてきた暴力を復活するように見えるパフォーマンスとしてゲームをプログラミング化する。このプログラミングがコードに他ならないのである。プロレスは、現実に近づくように見えれば見えるほど、勝敗を無化してスポーツの概念を反転し、相対化するメタ・スポーツになっていくのである。

スポーツのタイプ（記号論モデル）は外界から切り離されているのではない。 e コードによって社会との結びつきを強化するのである。どのようにしてか。たとえばコードを決めるには、なんらかの関係者の集団による合意を必要とする。そのことを考えると、スポーツの成立には公的な制度の確立が含まれている。スポーツは社会的な諸関係を制度に構成していくのである。その結果、スポーツはさまざまな団体に統括され、行政もからんでますます制度的性格を強めるのである。コードは少なくともそのスポーツにかかわる制度内での合意にもとづいて決められている。したがってこのコードに従うことを合理的と見なすことによってスポーツが成り立つとすると、コードは社会における生活、立法者その他の諸関係に基盤をもっている。しかもこのコードはこうした諸関係が近代的な視野に開かれ、公共性あるいは普遍性のひろがりのなかで見えるようになったときにしかありえないのである。つまりコードを成立させる基盤は歴史的に形成されたものなのであり、その歴史とはローカルな文化の風俗慣習のコードを抜け出す世界化の過程つまり近代化である。もともとはローカリティに縛られていた身体競技がスポーツ化するには、そうした地方性を脱しなければならない。つまりコードがローカルな文化的な意味や権力関係を完全に払拭して、中性化した規則になったときにはじめて身体的な競技がスポーツになるのである。

（多木浩二『スポーツを考える』による）

（注）＊タイポロジー……類型学

問1 空欄a～eに入る語として最も適切なものを次の中からそれぞれ一つずつ選んで、番号をマークせよ。

難易度 ★★☆☆

① むしろ　② あるいは　③ つまり　④ よって
⑤ なぜなら　⑥ たしかに　⑦ しかし　⑧ たとえば

問2 空欄A～Dに入る語の組み合わせとして最も適切なものを次の中から一つ選んで、番号をマークせよ。

難易度 ★☆☆☆

① A ルール　B ゲーム　C ゲーム　D ルール
② A ルール　B ゲーム　C ルール　D ゲーム

③ A ゲーム B ルール C ゲーム D ルール

④ A ゲーム B ゲーム C ルール D ゲーム

⑤ A ゲーム B ルール C ルール D ゲーム

問3 空欄Xに入る語として最も適切なものを次の中から一つ選んで、番号をマークせよ。

難易度 ★★☆☆☆

① 次の展開を熟慮しながらゲームをしている

② 現象としてのスポーツを創造する

③ 未知のゲームの進行そのものが予測される

④ 規則に準拠してゲームをする

⑤ 規則を変えてしまう

問4 傍線1「修辞学」とあるが、本文では具体的にはどのような意味か。次の中から最も適切なものを一つ選んで、番号をマークせよ。

難易度 ★★★☆☆

① ルールは単一のパターンではなく、選手の動きによって予想を超えた展開をうながすということ。
② ルールを絶対視した上で、ゲームの偶発的要素に展開を委ねるということ。
③ 想定されていたプレーがあっても、ゲームの戦術上異なるプレーへとやり方が変更されるということ。
④ 一見すると単純なプレーを選手の技量によって華麗に観客に見せるということ。
⑤ 人間の活動は全てゲームとみなすことが可能で、その生活は偶然的要素に満ちているということ。

問5 傍線2「この地平」とはどのようなことか。本文中の言葉を用いて三十五字以内で説明せよ。(句読点も字数に含む)

難易度 ★★★★★

問6　傍線3「スポーツとはアナログかつディジタルなゲーム」とあるがなぜか。その説明として最も適切なものを一つ選んで、番号をマークせよ。

難易度　★★☆☆☆

① 観客はゲームの展開にエキサイトし、最終的には勝敗を追求するから。
② ゲームはコードによって構成され、最終的には「現実の模倣」から脱するから。
③ ゲームは修辞学的に展開するが、最終的には勝敗という結果に還元されるから。
④ ゲームの遂行はコードを尊重することによって進行し、反すると罰則を課せられるから。
⑤ コードはゲームの成立の全てを含んでおり、最終的には多様な世界が展開されるから。

問7　右の文章には、次の一文が脱落している。どこに入るのが最も適切か。入るべき箇所の直前の七字を抜き出せ。（句読点も字数に含む）

難易度　★★★★☆

【脱落文】この集団は当のスポーツがひろがればひろがるほど公共性を拡大する。

問8 本文の内容と最も合致するものを次の中から一つ選んで、番号をマークせよ。

難易度 ★★★★★

① プロレスはあたかも「現実の模倣」を目指し、遊戯としてのスポーツのありようを超越したかのように見えることが必要で、勝敗などは問題とせず、暴力が復活するように見える点からもスポーツそのものを問題化するのである。

② サッカーがゲームとして成立するには各国におけるルールの違い、文化の差異などを払拭した普遍的なコードを基盤にすることが求められるが、そのために必要なのはプレーを通じてお互いに理解しながら存続する道を見つけ出すことである。

③ スポーツの記号論モデルを構成するのはルールであり、伝統的なスポーツ、特にエスニシティの色濃い場合はそれらが中性化することで「現実の模倣」から脱することができ、その過程は文化的モデルとして理解することが可能である。

④ スポーツは全てが「ゲームの規則」によって人為的に構成されており、合意的にルールに従うことを競技に求める点においては典型的に模範的な社会モデルということができ、その点においてイデオロギー的な規範を求めることが可能である。

⑤ われわれはルールによって構成される身体的なゲームをスポーツと呼び、その遊戯性によって裏付けされたイデオロギー的表明がアマチュアリズムであるが、その限界を超えるものがプロレスである。

ミッション【30】解答用紙

［制限時間25分］

問1	問2	問3	問4	問5	問6	問7	問8
a / b / c / d / e							
②×5	⑤	⑤	⑤	⑩	⑤	⑤	⑤

志望大学	氏名	得点
		／50

【本文の展開と論旨】 左の展開を頭に入れ、もう一度読み直してみましょう。

【1】（1・2段落）

「スポーツ」＝「現実の模倣」ではなく、ルールに従うことを基本とする「規範的社会のモデル」である。

↓例えば「アマチュアリズム」という思想も、所詮はスポーツが、実益の時間外の、余暇での営み（遊戯）でしかないことのイデオロギー的表明なのだ。

【2】（3〜7段落）

《記号論的分析》「スポーツ」＝「ルール」／「ゲーム」

「ルール」＝変更可能な抽象的体系。／「ゲーム」＝偶発的要素を含む修辞学的レベルの現実態。

↓スポーツが現象するのはルールではなく、ゲームとしてであり、そこに多様性や創造性が生じる。

【3】（8〜10段落）

「ルール（コード）」＝固有の文化に閉じた象徴的意味を払拭し、世界共通の、文化的には中性のコードとなる。

↓「相撲」は逆に、エスニック（民族的）なスペクタクル（見世物）という方向で存続。

【4】（11・12段落）

「ゲーム」はアナログ的な多様性で展開するが、勝敗という結果は「コード」によってディジタルな次元に還元される。

↓スポーツとはアナログかつディジタルなゲームである。

【5】（13段落）

「プロレス」は、すべてのスポーツのなかで唯一「現実の模倣」を目指している。

↓現実（死に到る闘争）に見えれば見えるほど、勝敗を無化してスポーツの概念を反転し、相対化するメタ・スポーツになっていく。

【6】（14段落）

「スポーツ」＝コードによって社会（社会生活・さまざまな団体・行政など）との結びつきを強化し、公共性・普遍性を拡大する。

↓コードがローカルな文化的な意味や権力関係を払拭し、中性化した規則になったときにはじめて身体的な競技がスポーツになる。

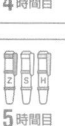

問1　a ③　b ⑥　c ⑧　d ⑦　e ①

①　むしろ（比較）　②　あるいは（選択）　③　つまり（要約）
④　よって（順接）　⑤　なぜなら（理由）　⑥　たしかに（譲歩）
⑦　しかし（逆接）　⑧　たとえば（例示）

空欄a

……スポーツが原理的には実質的に社会に利害をもたらすものではないことのイデオロギー的表明がアマチュアリズムであったのである。 a それは実益の時間外の時間、余暇での営みだったのである。

前後がイコール関係なので、空欄aには要約の③「**つまり**」が入ります。

空欄b

b ゲームとはルールを使用することだとは言いうる。**しかし**ルールの次元とゲームの次元とではちがった原理が作用している。

これは1時間目（P.12）で勉強しました、**【たしかにA（－）～しかしB（＋）】**の構文ですよね。空欄bには⑥「**たしかに**」が入ります。

空欄c

スポーツの記号論はゲームにまつわる**さまざまな問題**を喚起する。
［ c ］**人間の活動に本来的な創造性**である。

「さまざまな問題」の具体例が、「人間の活動に本来的な創造性」なので、空欄cには例示の⑧「**たとえば**」が入ります。

空欄d

個々の文化に閉じた身体技法や儀礼には、その文化にそってしか理解できない**慣習的意味がある**場合が少なくない。［ d ］**現代のスポーツのルール**は、もはやこうした固有の文化に閉じた**象徴的意味はない**。

過去と現代の対比関係になっていますね。空欄dには逆接の⑦「**しかし**」が入ります。

空欄e

スポーツのタイプは……外界から切り離されているの**ではない**。
［ e ］コードによって社会との結びつきを強化するのである。

「ではない（ではなく）」直後の空欄には、九割以上の確率で①「**むしろ**」が入ります。

問2　①

同段落の2文目に「ある一組の**ルールによって、ボールゲーム**も、**格闘技**も、**ランニング**も**成り立つ。**」とあります。「A」による「B」のタイポロジー（＝類型学。物質をその特質・特性によって分類し考察する。）……」となると、「**A／ルール**」によって「**B／ゲーム**」を分類する、という順序でいけそうですね。

続いて「C」の次元としては、それを「D」に還元するのではなく、どのような競争的関係として**ゲームが編成される**かである。」の部分ですが、まず「還元」とは、「物事をもとの形、性質、状態などに戻すこと」です。つまり、「CからDに戻すのではなく（＝ふつうは、DからCへ流れる）」ということで、「**C／ゲーム**」「**D／ルール**」の順番が確定。したがって正解は、①でした。

このタイプの選択肢は、解けているのに「選びミス」をする場合があるので、気をつけましょう。

問3　⑤

（**やりながら規則をでっち上げる**）**ような場合**もあるのではないのか。

また、**やりながら**――X場合もあるのではないか。

「**規則をでっち上げるような場合**」と「X**場合**」が並立関係ですので、ほぼ同内容の⑤「**規則を変えてしまう**」が正解。ところで、このあとの「**そのためにその規則を変更しないわけにはいかない**（**＝変更しなければならない**）**ゲームは考えにくい**」って表現が、回りくどくてナゾでしたよね～。例えばゲームをやりながら、初心者の弱い子にその場でハンデをあげることとってあるでしょ？「じゃあキミは特別に、両手を使ってもいいことにするよ！」とかね。こんな「規則のでっち上げ」を、わざわざ「ルールブック」からきちんと変更しなければならない！　なんて堅苦しいことは考えられない、という内容です。

問4　③

6時間目P.104で紹介しました、**【傍線部中に「難しい語句や表現（現代文重要単語・比喩的表現・カタカナ語等）」があれば、《知識問題》だという意識で解きましょう。】**という「傍線部の鉄則」が発動！……今回は、傍線部が丸ごと「重要単語」でしたけど。

「修辞学」＝表現技法や言語使用の法則を研究する学問。美辞学。レトリック。

……ゲームは（a）偶発的要素を多分に含み、さらにゲームの遂行は、（b）戦術的な身体活動という**修辞学的レベル**にある。
↓ルールには**ゲームの本質をなす**[1]修辞学は含まれてはいないのだ。

今回の《ズバリの要素》の候補としては、**（a）「偶発的要素」**か？**（b）「戦術的な身体活動」**か？あるいは「**（a）（b）両方**」か？という3パターンがあり得ましたけれど……答えは**（b）「戦術的な身体活動」**のみ、ですね！したがって、正解は③となります。ポイントは、やはり「修辞学」でした。

擬人法や倒置法など、「修辞法（レトリック・表現技法）」とは、より印象を強めたり、余韻を残したりするための、表現上の意図的な工夫です。したがって（a）「偶発的要素」は、この場合はふさわしくありません。

①は「ルールは」って……いきなり主語から違いますので×。②はまず「ルールを絶対視」が断定で×。そ

して「偶発的要素に展開を委ねる」が×でした～。④は「戦術」ではなく、「華麗に観客に見せる」という、個人技（個人のテクニック）の話になっているから×。⑤は「偶然的要素に満ちている」でサヨウナラ～×。

問5

「この地平」とはどのようなことか？　イコール系の記述問題です。指示語も気になりますが、それより「地平」って……!?　またちょっと「**難しい表現**」ですね～。

閉鎖した個々の文化の意味体系を洗い流した結果……ローカルな意味に代わって、コードが世界的、普遍的な視野のなかで構成されるからである。

コードがこうした**認識の地平**で成立する……

[2]**この地平**をわれわれは近代と呼んできたのである。

↓**「この地平」とはどのようなことか？**

三十五字以内ですから、「**2要素チョイ**」。では「むすび。」から決めますよ。「この地平」は「場所」というより、近代にたどり着いた、**ある「状況」**です。すなわち「**世界的、普遍的な視野のなかでコードが構成される状況。**」という感じで、いかがでしょう。

あとはチョイ足しで、近代以前の状況、「**閉鎖した個々の文化の意味体系を洗い流し、**」という内容を頭につければ完璧……なんだけれど、一〇文字ぐらいオーバーしちゃうので、文字数調整して。では模範解答！

正解例

閉鎖的な文化の意味体系を消去し、普遍的な視野でコードが構成されること。（三十五字）

（a）閉鎖した個々の文化の意味体系（固有の文化に閉じた象徴的意味・など）を消去／4点

（b）世界的、普遍的な視野の中で（世界的に共通し、文化的に中性的・など）／3点

（c）コードが構成されること。（ルールが成立すること。・など）／3点

問6 ③

実際のゲーム、パフォーマンスの展開は、記号論的に言えば修辞学による勝敗という結果はつねにコードによってディジタルな次元に還元される

[3]スポーツとはアナログかつディジタルなゲームであり、……

「実際のゲーム＝アナログ」「勝敗（コード）＝ディジタル」という対比になっている、③が正解。①は「観客は……」って主語が間違っていますので×。②は「『現実の模倣』から脱する」が×。④は「反すると罰則を課せられる」がタンコブなので×。⑤は「最終的には多様な世界が展開される」が×。最終的には勝敗＝ディジタルが浮かび上がるのです。

問7　を必要とする。

【脱落文】この集団は当のスポーツがひろがればひろがるほど公共性を拡大する。

かなり難易度の高い脱文挿入問題でした！　が、じつはコレ、例のスゴ技……**「イチゴ／タルト」の法則**（P.160）を使うと、速くキレイに解くことができました。つまり、この脱文は**「集団」の話と「公共性」の話の分岐点**に収まるのです。ということで正解は、最終段落の4文目と5文目の間、「を必要とする。」となります。

問8　①

では順番に見ていきましょう。

①……いきなりこれが正解！　プロレスが、「勝敗などは問題とせず、暴力が復活するように見える点からもスポーツそのものを問題化する」という内容が、最後から二番目の段落のラスト、「勝敗を無化してスポーツの概念を反転し、相対化するメタ・スポーツになっていく」という内容と合致します。

②は、「プレーを通じてお互いに……見つけ出すこと」がナシで×。

③は「伝統的なスポーツ……「現実の模倣」から脱することができ」が×。スポーツは「現実の模倣」ではありません。

④は最後の「イデオロギー的な規範を求めることが可能である。」がナシで×。「イデオロギー」は、アマチュアリズムの説明でチラッと例に上がるだけです。

⑤はまず「その遊戯性によって裏付けされたイデオロギー的表明がアマチュアリズムである」が惜しくも×。スポーツの「遊戯性」が、「アマチュアリズム」というイデオロギーに反映されているのである。そして、「その限界を超えるものがプロレスである」が完全に×。

「ラスボス」の討伐、まことにお見事でした！！！

「あなた様のおかげで、村に平和を取り戻すことができましたじゃ〜」「ありがとう！　勇者様！」

「文系のくせに現代文ができないって、いままでバカにしてごめんよ〜〜」

40点以上でミッションクリアですが、本書の技術《メソッド》をきちんと使えば「50点満点」の完全勝利も十分にあり得たはず。**1問でもミスった人は、しっかり見直し、悔しがって、次へのステップにしてくださいね！**

……へ？　まさか、40点を下回った人が、いるんですか？　本書を読んだのに？　体調が悪かったのかな？　でも大丈夫。そんな貴方には幻の復活アイテム「ワンモアの十字架」をプレゼントします。呪文を唱えながら、本書の1ページ目に戻ってみてください。せーの、「ワンモア・ジュウジカ――（ン）！」

出典一覧

01 直江清隆「技術観のゆらぎと技術をめぐる倫理」(『ポスト冷戦時代の科学／技術（岩波講座現代 第2巻）』岩波書店)

02 山崎正和『混沌からの表現』(筑摩書房)

03 岡本隆司『世界史序説――アジアから一望する』(筑摩書房)

04 菅豊『「新しい野の学問」の時代へ――知識生産と社会実践をつなぐために』(岩波書店)

05 山竹伸二『ひとはなぜ「認められたい」のか――承認不安を生きる知恵』(筑摩書房)

06 佐伯啓思「「死すべき者」の生き方」(2019年7月6日朝日新聞「異論のススメ」)

07 鷲田清一『わかりやすいはわかりにくい？ 臨床哲学講座』(筑摩書房)

08 小柳正司『リテラシーの地平――読み書き能力の教育哲学』(大学教育出版)

09 吉岡洋「スタイルと情報」(『スタイルの詩学――倫理学と美学の交叉（キアスム）――』ナカニシヤ出版)

10〜13 中村良夫『風景学入門』(中央公論新社)

14 福嶋聡「〈未来の自分〉と読書」(『現代思想』二〇一七年三月臨時増刊号)

※一部改変および省略がある。

15 矢野智司「越境する動物がもたらす贈物《ギフト》」(『環境人文学Ⅱ 他者としての自然』勉誠出版)

16 山竹伸二『「認められたい」の正体 承認不安の時代』(講談社)

17 大庭健『いま、働くということ』(筑摩書房)

18〜19 苅部直『移りゆく「教養」(日本の〈現代〉)』(NTT出版)

20 外山滋比古『日本語の個性』(中央公論新社)

21 竹田青嗣『エロスの現象学』(海鳥社)

22 山崎正和『混沌からの表現』(筑摩書房)

23 齊藤了文『事故の哲学 ソーシャル・アクシデントと技術倫理』(講談社)

24 山竹伸二『「認められたい」の正体 承認不安の時代』(講談社)

25・26 中村良夫『風景学入門』(中央公論新社)

27〜29 佐藤俊樹『桜が創った「日本」――ソメイヨシノ起源への旅――』(岩波書店)

30 多木浩二『スポーツを考える――身体・資本・ナショナリズム』(筑摩書房)

おわりに

最後までお読みいただき、誠にありがとうございました。本書は、**「現代文が苦手な人」**が、**「現代文が嫌いじゃない人」にまで進化すること**を最低限の目標として、執筆しました。(達成できたか?)ところで…「苦手な人」って、そもそもどんな人でしょうか?

例えば、食器洗いが「苦手な人」は、一枚洗うたびにお湯ですすぐので、作業がめちゃくちゃ遅いです。また、積み重ね方も下手なので、すぐに食器を割ってしまいます。つまり、「得意な人」の《上手なやり方》を知らないため、ずっと「苦手な人」なのです。

現代文攻略における《上手なやり方》の「ベスト盤」が、『難関私大現代文のスゴ技』です。食器洗いに才能は不要です。《上手なやり方》を黙々と遂行すればいいだけです。ただし、定着するまでの反復練習は必須です。そこは現代文もまったく同じ。**習得したメソッドをきちんと使って、志望大学の過去問を解きまくってください。**そのうち、「嫌いじゃない人」が、「得意な人」、さらに「大好きな人」へと進化し……最終形態「現代文YouTuber」となって『スゴ技』をベタ褒めしてくれたら、今回のクエストは完全クリアです。

宮下善紀

宮下　善紀（みやした　よしのり）
　京都市出身。横浜国立大学教育学部卒。在学中から漫才師を志すかたわら、学習塾で講師のアルバイトを開始。進路相談を受けていた生徒から「先生は、完全に『先生』が向いているのに、目指さない意味がわからん」と逆に諭され、一念発起。東進ハイスクール、代々木ゼミナール等の教壇に立つ。代ゼミでは、授業満足度アンケート（国語部門）で４年連続全国第１位を獲得。また、『螢雪時代』の「鉄人講師のセンター試験傾向と対策ナビ」を５年間担当。現在は都内の専門予備校、学内予備校を拠点に、現代文・小論文、さらにビジネス文書講座（東進）から、中学受験の個別指導（受験Dr.）まで、幅広く、節操なく「国語」の指導にあたる。前著『最短10時間で９割とれる共通テスト現代文のスゴ技』（KADOKAWA）は、画期的な参考書として非常に高い評価を得ている。

最短《さいたん》10時間《じかん》で「解《と》き方《かた》」がわかる
難関私大現代文《なんかんしだいげんだいぶん》のスゴ技《わざ》

2023年10月20日　初版発行

著者／宮下《みやした》 善紀《よしのり》

発行者／山下 直久

発行／株式会社KADOKAWA
〒102-8177　東京都千代田区富士見2-13-3
電話 0570-002-301（ナビダイヤル）

印刷所／株式会社加藤文明社印刷所

製本所／株式会社加藤文明社印刷所

●お問い合わせ
https://www.kadokawa.co.jp/（「お問い合わせ」へお進みください）
※内容によっては、お答えできない場合があります。
※サポートは日本国内のみとさせていただきます。
※Japanese text only

定価はカバーに表示してあります。

ISBN 978-4-04-605932-1　C7081